高校财务
内部控制与规划探析

张艳菲　曹璐璐　郭玲玲 ◎ 著

山西出版传媒集团
SHANXI PUBLISHING MEDIA GROUP

山西经济出版社

图书在版编目（CIP）数据

高校财务内部控制与规划探析 / 张艳菲，曹璐璐，郭玲玲著． —太原：山西经济出版社，2024.10
ISBN 978-7-5577-1386-7

Ⅰ．G647.5

中国国家版本馆 CIP 数据核字第 2024TU6711 号

高校财务内部控制与规划探析

GAO XIAO CAI WU NEI BU KONG ZHI YU GUI HUA TAN XI

著　者：张艳菲　曹璐璐　郭玲玲
责任编辑：丰　艺
装帧设计：中北传媒

出 版 者：山西出版传媒集团·山西经济出版社
地　　址：太原市建设南路 21 号
邮　　编：030012
电　　话：0351-4922133（市场部）
　　　　　0351-4922085（总编部）
E-mail：scb@sxjjcb.com
　　　　 zbs@sxjjcb.com

经 销 者：山西出版传媒集团·山西经济出版社
承 印 者：三河市龙大印装有限公司

开　　本：710mm×1000mm　1/16
印　　张：15
字　　数：254 千字
版　　次：2025 年 1 月　第 1 版
印　　次：2025 年 1 月　第 1 次印刷
书　　号：ISBN 978-7-5577-1386-7
定　　价：90.00 元

前　言

　　随着社会的进步和经济的发展，高校不仅是培养我国未来人才的重要基地，担负着知识创造和文化传承的历史使命，更是经济和社会发展的重要"思想库"和"资料库"，是文明进步的"播种机"与"发动机"。作为社会的重要组成部分，高校的财务管理工作直接关系到学校的稳定与发展。因此，加强高校财务内部控制与规划，对于提高学校财务管理水平、保障学校资金安全、推动学校科研技术发展以及整个教育事业都具有极其重要的意义。

　　内部控制是经济组织营运和管理活动发展到一定阶段的必然产物，也是高校财务科学管理的必然要求。内部控制理论的产生以内部牵制思想为基础，旨在解决由两权分离所带来的利益冲突和信息不对称的问题，规范行为，保护高校财务安全，防范各种舞弊和错误，从而提高经营管理效率和效果。

　　对于高校而言，随着办学资源的不断增加，如何有效管理学校财务，防范资金风险，成为亟待解决的问题。这需要不断加强高校财务的内部控制和规划。本书从高校财务管理的概念和现状出发，对高校财务的内部控制的环境、方法、基本业务、组织与监督、绩效管理与控制，以及数字经济时代高校财务内部控制建设和转型规划等方面内容进行了分析。本书旨在为广大高校财务管理人员提供一本实用的参考书籍，帮助他们更好地理解和把握财务管理的核心要素，进而提升高校财务内部控制的水平。

为了推动高校更好地落实内部控制建设要求，规范高校内部活动，制约内部权力运行，增强风险防控意识，本书还提出了建立健全科学高效的制约和监督体系的建议。

在编写过程中，笔者参考了大量的国内外相关文献和资料，并结合了高校财务管理和内部控制的实际情况，力求使本书内容更加全面、系统和实用。当然，由于高校财务内部控制的复杂性和多样性，本书难免存在不足之处。笔者衷心希望广大读者及相关专家能够提出宝贵的意见和建议，以便在今后的工作中不断改进和完善。

本书由河南牧业经济学院的张艳菲、曹璐璐、郭玲玲共同撰写完成，其中张艳菲负责第一章、第四章（共 9.6 万字）；曹璐璐负责第二章、第三章、第五章（共 8.1 万字）；郭玲玲负责第六章、第七章（共 5.7 万字）。

最后，感谢所有为本书编写付出辛勤劳动的人员和机构，感谢广大读者的支持和关注。我们相信，通过共同努力和不断探索，高校财务管理事业必将迎来更加美好的明天。

作　者

2024 年 5 月

目录

第一章

绪 论

第一节 研究背景与意义

自改革开放以来，随着国家经济的快速发展，我国高校教育也实现跃迁式发展。据数据统计，自 1999 年我国实行大规模扩招政策以来，1999 年全国高等学校为 1942 所[1]，到了 2019 年达到 2956 所[2]，20 年间我国高校的数量增加了 1014 所。1999 年，普通高等教育在校生 413.42 万人[3]，2019 年，普通高等教育在校生为 4002 万人[4]，约为 20 年前的 10 倍。教育经费的投入也由 1999 年的 3349.04 亿元增加到 2019 年的 50175 亿元[5]，在 20 年间，教育经费的资金增长约 14 倍。由此可见，我国的高等教育已经达到普及化的程度。

---

[1] 教育部. 1999 年全国教育事业发展公报［EB/OL］.（2000-5-30）［2014-6-30］. http://www.moe.gov.cn/jyb_sjzl/sjzl_fztjgb/tnull_841.html.

[2] 教育部. 2019 年全国高等学校名单［EB/OL］.（2019-6-15）［2024-6-30］. http://www.moe.gov.cn/jyb_xwfb/s5147/202005/t20200521_457227.html.

[3] 同[1]。

[4] 同[2]。

[5] 由相关数据计算所得，详见：http://www.moe.gov.cn/s78/A05/cws_left/s3040/201005/t20100527_88451.html；http://www.moe.gov.cn/srcsite/A05/s3040/202011/t20201103_497961.html.

一、研究背景

党的二十大报告强调"教育、科技、人才是全面建设社会主义现代化国家的基础性、战略性支撑"，充分展现了教育强国、科技强国、人才强国的内在关联。高校作为培养国家未来人才的重要基地，在新时代背景下，面临着复杂多变的风险和挑战，需要平衡好发展规模与质量、资金需求与供给、经费投入与绩效等多重关系。同时，随着高校发展过程中问题的不断涌现，对高校内部控制提出了更高的要求，旨在确保高校办学目标的实现，提高资金使用效率，从而推动高校实现高质量发展。

高校作为执行政府部门公共政策的重要平台，承担着贯彻落实国家教育相关法律法规、政府政策的使命。党的十八届四中全会明确提出要加强对内部权力的制约；党的十九届四中全会则进一步要求规范内部控制，提高单位干部和职工的内部管理水平，强化廉政风险防控建设。在新时代的发展格局下，高校的高质量发展应紧密契合国家经济社会发展的逻辑框架，为国家重大战略的实施提供有力支撑。高校内部控制作为内部治理的有效手段和工具，对加强高校自身治理能力具有重要意义。

党的十九大将全面依法治国确立为新时代坚持和发展中国特色社会主义的基本方略之一，为高校内部控制建设提供了坚实的法律保障。《教育部直属高校经济活动内部控制指南（试行）》明确了高校内部控制的目标，具体规定了高校内部控制的内容和方法，有助于高校从源头上防范风险，提高各项业务活动的效率。《中华人民共和国预算法实施条例》将内部控制作为强化预算执行的重要机制和手段。《高等学校财务制度》也明确指出，"建立健全内部控制体系，加强对学校经济活动的财务控制和监督，防范财务风险"是高校财务管理的核心任务之一。

2023 年，中共中央办公厅、国务院办公厅印发的《关于进一步加强财会监督工作的意见》进一步强调了内部控制在高校财会监督中的关键作用。这要求高校必须建立健全内部控制规范执行机制，确保相关规范得到有效执行，并通过定期的评价和监督来保障其执行效果。同时，还需充分发挥内部控制的全流程监督作用，以逐步提升内部控制规范的实施效果。

二、研究意义

高校财务内部控制是高校管理不可或缺的一环，对于确保高校财务安全、提高资金使用效率以及推动高校在新形势下的可持续发展具有重要意义。近年来，随着高校规模的不断扩大以及市场经济下高校间竞争的加剧，高校财务面临的风险逐渐增多。因此，研究高校财务内部控制与规划的重要性愈发凸显。

高校建设内部控制体系，是依法从严治校的内在要求。内部控制确保了高校财务管理与规划的合法性和合规性，高校财务管理必须遵循所有适用的法律法规，如《中华人民共和国教育法》《中华人民共和国个人所得税法》《中华人民共和国劳动法》等，不仅保障了高校资金使用过程的准确性和透明性，也保护了教职工和学生的权益、资产和知识成果。内部控制在高校经济活动中构建了一系列相互制衡、相互监督的组织和职责机制，是高校提高自身管理水平的重要举措。通过建设内部控制体系，高校在管理岗位职责的基础上，进行风险评估、流程监督、有效评价和问题解决等控制活动，建立起多维度、全方位的管理矩阵。内部控制有效打破了各业务流程、各学院部门之间的管理壁垒，进一步优化了业务流程、明晰了管理界面、健全了规章制度、强化了整体运营能力、提高了运营效率与效益，为实现学校的持续健康发展奠定了坚实基础。

高校建设内部控制体系将有效增强高校的市场竞争力。高校财务内部控制确保高校的财务管理工作符合国家法律法规和相关规定，减少了高校的负面信息，提高了高校在经济市场中的信誉度。通过深入研究财务内部控制，优化财务管理流程，不仅可以提高资金使用效率和资源配置效率，降低高校运营成本，还可以识别和评估潜在的财务风险，采取相应措施降低风险。高校的核心任务是科研和教学，优化内部控制系统，可以有效利用资源，降低风险，为科研项目创造稳定和高效的环境，促进产生高质量的学术成果和提高教学质量，进而提升高校的市场竞争力。规范的内部控制体系使高校管理者能够更好地调动和组织各个部门之间的经济活动，促进部门之间的联系更加紧密、沟通更加便捷，从而提升高校处理事务的效率和能力，切实提升高校在不确定的内外环境中的竞争力。

第二节　国内外研究现状综述

近年来，随着内部控制研究的不断深入，学者们的研究方向呈现多样化，涵盖了内部控制的设计与实施（Dikan，2014）、决定因素（Jokipii，2009）以及内部控制对企业的影响（Lee，2016）等方面。本节通过回顾和分析国外关于内部控制定义的文献，以及近年来国内学者在高校财务内部控制方面的研究，旨在探讨内部控制在实践活动中的具体含义，并为未来学者研究高校财务内部控制与规划提供参考方向。

一、国外研究现状

在组织发展过程中，内部控制与管理控制紧密相连。组织建立内部控制体系的目的是在遵守法律法规的前提下，确保运营的有效性和高效性，以及财务报告的可靠性。内部控制体系为实现上述目标提供了合理保证。它包括一系列的规则、程序和实践活动，旨在保护资产的安全，检测和预防风险，并确保财务信息的准确性和及时性。[①] 而管理控制则侧重于通过规划和协调活动来引导组织实现战略目标。

Otley 和 Soin（2014）将公司治理和风险管理确定为管理控制领域的新兴趋势。然而，Speklé 和 Kruis（2014）的研究表明，内部控制的发展过程相当复杂。研究人员和从业人员面临的一个挑战是，部分法律文件（如美国的萨班斯—奥克斯利法案和欧盟的审计指令）对内部控制的理解与 COSO（美国反虚假财务报告委员会下属发起人委员会）对内部控制的界定存在较大差异。

---

① COSO. Internal control—Integrated framework: Executive summary ［M］. New York: Committee of sponsoring Organizations of the Treadway Commission, 2013.

这种差异导致了学术界对"内部控制"这一术语缺乏统一而明确的解释。[①]

不同学者对内部控制的界定各有侧重。在管理控制文献中，内部控制被视为"管理控制的狭义定义"或"战略实施"过程的一部分。[②]因此，部分学者将内部控制视为信息的基础，为组织提供战略控制（外部焦点）和管理控制（内部焦点）的系统。也有学者认为内部控制涵盖的内容更为广泛。例如，Power（2007）指出，现代内部控制更侧重于风险管理，而不仅仅是作为控制工具，并且"深入组织生活的每一个角落"。Spira 和 Page（2003）则认为，内部控制可以视为一种"风险处理"机制，并逐渐成为企业风险管理的标准化形式。

本书回顾了 2000—2019 年间国外发表的 135 篇文献，主要关注"内部控制"的各个方面，包括内部控制与风险管理之间的关系、对审计质量的影响、对外部报告质量的影响以及对财务创新和其他环境因素（如组织间关系）的影响。

Maijoor（2000）认为，尽管内部控制研究涵盖了组织财务层面的内容，但在结构化分析方面仍有不足。因此，本研究结合当前研究趋势，从组织间关系和内部控制实践创新的角度对内部控制进行了深入分析。例如，Garg（2018）利用澳大利亚的数据集研究了内部控制认证监管变化对盈余管理的影响。然而，这一研究主要基于先前的美国研究，且其重点更多地放在财务报告上，而未能全面理解内部控制的整体意义。

（一）组织管理者

根据对已有文献的分析，内部控制的概念主要从两个角度解读：一是用于确保财务报告的可靠性；二是作为整个组织有效运作的整体机制。Woods（2009）认为，在实际活动中，组织的管理者需要在日常工作中处理所选控制系统的应用。

---

① HOLM C, LAURSEN P B. Risk and control developments in corporate governance：Changing the role of the external auditor？［J］.Corporate Governance-an International Review, 2007, 15（2）：322-333.

② MERCHANT K A, OTLEY D T. A Review of the Literature on Control and Accountability［J］. Handbook of management accounting research. Amsterdam：Elsevier, 2006（2）：785-802.

1. 高层管理人员

公司高层管理人员的行为很大程度上影响内部控制系统。Roberts 和 Candreva（2006）在文章中指出，组织的管理层"不仅负责实施内部控制以合理保证机构正在实现其预期目标，还负责自我评估、纠正和报告这些控制的有效性"。大多数学者在其著作中强调了整个高层管理团队的重要性，因为它拥有必要的执行权力来实施和拒绝控制系统的更改。Chernobai（2011）等学者认为，如果高层管理人员的大量财富与其持有的企业股票相关，那么他们将更加关心公司的兴衰。

部分学者也强调单一高层管理人员的重要性。例如，Wang（2010）认为，首席财务官对公司内部控制系统有深入了解，若公司内部控制薄弱，则可能对公司构成危险。因为这类公司的首席财务官薪水较低，导致离职率高，从而容易使公司内部控制缺陷暴露。

除了高层管理人员，部分学者也指出了其他类型管理人员的重要性。Kraus 和 Strömsten（2016）认为，运营经济的重要性与内部控制的系统性是相互关联的。Wang 和 Hooper（2017）的研究表明，在中国酒店管理过程中，中层管理人员能够很好地执行任何内部控制。

2. 董事会

Jensen（1993）在关于内部控制失败案例的论文中指出"公司控制系统的问题始于董事会"，因为它"对公司的运作负有最终责任"。事实上，研究人员已经找到了董事会对内部控制系统重要性的证据。例如，Marciukaityte 和 Scholten（2006）等人表明，如果控制系统失效，那么将通过增加外部董事重组董事会，从而为组织的声誉带来积极的影响。因为新董事的加入会从不同的方面为公司带来更好的治理。此外，Scholten 发现董事会在内部控制制度化方面具有重要地位，因为它们可以充当"纪律代理人"，有权调整经理的工资和奖金，并解雇不遵守公司政策的人。

除此之外，Monem 和 Chen 等人都发现，董事会的多样性直接影响内部控制系统的绩效。Monem（2011）指出澳大利亚移动运营商 One.Tel 倒闭的主要原因是董事会缺乏意见的多样性。由于董事会没有指出公司的潜在问题，只是遵从首席执行官的管理方案，导致内部控制的崩溃。Chen 和 Eshleman（2016）等人提出了董事会缺少多样性的潜在解决方案。经过研究表明，董事会中至少有一名女性成员的公司的重大弱点更少，运营效率更高。虽然该研究没有确定女性董事会成员的最佳数量，也没有确定男性成员是否具有积极影响，但它表明，女性在财政问题中考虑得更加全面，从而减少投机行为，降低公司风险。

与此同时，Fernandez 和 Arrondo 以及 Deakin 和 Konzelmann 的研究表明，虽然董事会经常被指责为失败的主要参与者，但董事会在内部控制系统中并不孤单。事实上，Fernandez 和 Arrondo（2005）表明，其他内部控制措施可以替代董事会的部分功能，并且许多替代方案的存在减轻了组织中一种错误类型控制的潜在问题。Deakin 和 Konzelmann（2004）同样认为，安然公司（曾是一家位于美国得克萨斯州休斯敦市的能源类公司）倒闭的责任不能简单归咎于其董事会。他们认为作为非执行人员，董事会成员可能从未被正确告知公司的运营情况，他们缺乏相关的知识和经验，无法对安然公司的倒闭负有全部责任。

3. 内部审计人员

组织内部控制制度化的重要角色之一是内部审计人员。在一项关于内部审计职能对内部控制质量影响的研究中，Oussii 和 Taktak 发现提高内部审计人员的专业水平和工作效率不仅直接提高了内部控制系统的质量，还有助于生成可靠的财务报告。Pae 和 Yoo（2001）认为内部审计人员之所以重要，是因为公司的所有者需要在内部控制机制的投资与审计人员所付出的努力之间找到平衡。他们建议审计人员应增强法律意识，积极发现公司运营中的问题，同时，公司所有者应合理投入内部控制资源。同样，Hunton（2008）等人也指出，尽管内部审计部门提高了公司的内部控制效率，但其监控成本也相对较高，因此公司所有者需要权衡这种监控行为的经济效益。

Woods（2009）强调了内部审计职能在内部控制中的重要性。在分析伯明翰当地政府为减少运营潜在风险所采取的行动时，风险管理专家作为内部审计人员，负责实施和维护理事会实施的所有内部控制活动。Sarens（2009）等人在一项关于比利时四家不同公司的案例研究中也肯定了内部审计人员在内部控制系统运作中的关键作用，他们向运营人员和审计委员会提供有价值的建议。

4. 审计委员会

审计委员会在内部控制运作系统中扮演着重要的角色，他们控制财务报告流程，选择内部审计人员，并监督公司内外的审计工作。然而，审计委员会的重要性也存在局限性。一方面，研究人员对审计委员会的有效性表示担忧，因为人们担心审计委员会成员可能只是象征性地遵守法律法规，而非真正监督财务运作（Lisic，Myers，Seidel，et al，2019；Bruynseels and Cardinael，2014）。另一方面，Lisic（2016）等人批评了美国董事会及其小组委员会（如审计委员会）的组织方式，认为这种首席执行官与董事会合一的结构影响了审计委员会的工作独立性。

尽管如此，仍有部分研究指出审计委员会对内部控制系统成功运作的重要性。Krishnan（2005）发现，与审计委员会质量较低的公司相比，拥有独立审计委员会和丰富财务专业知识的公司遇到内部控制问题的概率相对较低。Naiker 和 Sharma（2009）分析了审计委员会组成的重要性，并发现委员会中拥有前审计合伙人成员的公司，即使这些前审计合伙人隶属于公司的外部审计师，也能因其对公司的深入了解帮助新手审计人员更好地评估公司的内部控制和监控活动。

5. 外部参与者

外部参与者与组织内部成员的合作具有一定的相关性。Faerman（2001）等人认为，不同行为者之间的合作使公共行为者更加重视公共利益。Rothenberg（2009）的研究表明，外部竞争对手和客户也可以成为内部控制体系中的重要参与者。Rothenberg 认为，客户可能会通过转向内部控制能力更强的竞争对手来惩戒内部控制薄弱的公司。此外，美国政府要求管理层向公众报告弱点，这一举措对强有力的内部控制制度化产生了非常积极的间接影响。

有学者认为，虽然外部审计人员与公司之间的密切合作可以监督公司并对公司内部控制工作产生重大影响，但 Holm 和 Laursen（2007）指出，内部审计人员逐渐接管了外部审计人员执行的某些职能，从而减少了外部审计人员对组织战略的影响。然而，Jensen 和 Payne（2003）的研究表明，在市政当局的设置中，管理层往往需要在投资和培训组织内部人员与简单雇用外部审计师之间进行权衡。尽管如此，外部审计人员仍然对内部控制产生着间接但重要的影响。

（二）内部控制的建立、维持与中断

Lawrence 和 Suddaby（2006）在他们的制度工作框架中认为，行动者对周围的制度具有一定的反思性和意识，因此能够通过创建、维护或破坏现有制度来推动其向新的、更好的方向发展。关于内部控制的文献通过多种方式描述了这些反思性和目的性行为。

1. 制定内部控制实践

Su（2014）等学者指出，在当前的商业环境中，参与者面临挑战来建立有效的内部控制系统。他们认为企业管理层等参与者可以借鉴现有框架的理念，如 COSO 和更具技术性的 COBIT（信息及相关技术控制目标）。Lawrence 和 Suddaby（2006）将这种借鉴描述为"模仿"，因为借鉴现有框架的理念可以促进新实践的产生。然而，在实践层面上，这些框架往往未能为具体的实际应用和设计提供足够的指导。因此，行为者需要从事其他类型的工作，以确保内部控制制度化取得成功。

行为者需要具备足够的内部控制背景知识，并依赖文献中已有的重要概念，为创造成功的做法提供基础。例如，Kraus 和 Strömsten（2016）强调了权利的重要性。在研究爱立信和沃达丰之间的组织关系时，他们发现沃达丰的管理人员通过施加压力，促使供应商爱立信采用正式的内部控制做法。这使得爱立信将其原先主要关注工程的非正式控制系统转变为正式的、以财务为导向的控制系统。这种制度性工作可能与 Lawrence 和 Suddaby（2006）所描述的"规范性网络"构建有关。在这项研究中可以看出，沃达丰方面的参与者表现出了明确的规范意图，特别是在面向未来的投射视角方面，因为沃达丰的管理人员从一开始就明确了爱立信的内部控制系统的发展方向。通过规范性制裁和合规性要求，他们成功构建了具有互补内部控制系统的网络。

其他研究者认为，负责任的行为者不需要详尽的知识来实施良好的内部控制。Petrovits（2011）等人从非营利组织的角度出发，指出管理人员可以从向非营利组织捐赠服务的公司那里获得"实物支持"。这使得组织在解决内部控制系统的技术困难和问题时变得更加容易。这种制度性工作与 Lawrence 和 Suddaby（2006）的"倡导"概念相对应，该概念涉及"通过直接和深思熟虑的社会劝说技术"获得外部支持。Petrovits（2011）等人表明，非营利组织的管理者只有在能够清晰地概述他们在改善内部控制系统方面需要帮助时，才能获得外部支持。因此，在这种情况下，行为者不仅在当前（因为他们质疑自己当前的立场并看到改变的必要性）具有意向性，而且在投射性、意向性方面也具备这种特性。

2. 维护内部控制实践

在大多数文献中，描述的内部控制行为者采取的维护行动之一是对管理人员进行纪律处分。Marciukaityte 和 Scholten 等学者均从公司治理的角度审视内部控制。Marciukaityte（2006）等人认为，行为者能够通过定期改变董事会的组成来维持公司的内部控制机制。董事会的重组对公司的声誉产生了积极影响，因为客户认为新董事是内部控制实践的积极加强者。Scholten（2005）描述了公司董事会如何通过处分不遵守公司政策的经理来加强公司的内部治理机制。行为者可以通过调整工资和奖金水平以及解雇任何对系统构成潜在风险的经理来加强公司的治理和内部控制系统。这种制度性工作与 Lawrence 和 Suddaby（2006）所定义的"警务"相对应，即"通过执法、审计和监测确保合规"。

维持组织内部控制做法的另一个重要手段是内部审计职能的运作。在 Sarens（2009）等人描述的一个案例中，内部审计师发现，高层管理人员对组织的内部控制实践采取了被动而非主动的态度，这在一定程度上取决于内部审计师的工作。内部审计师在工作中遇到各种类型的人，对不同类型的人采用不同的程序。内部审计师需要找到一种有效的内部控制方法来控制差异性。除了程序差异外，在这种情况下，一些员工对内部控制和风险管理的概念理解不足。内部审计师的重要职责是向员工传达现有的控制措施。由于内部审计师在本案中充当"授权代理人"的角色，并具有确保内部控制机制有效运行的作用，因此认为，内部审计师所从事的机构工作可以被视为"授权工作"。

改善信息流和对各种程序的控制的一种方法是引入新的 IT 软件。Sarens 等人描述了内部审计职能如何成功地整合到公司内部开发的正式系统中。该系统每年更新一次，并利用来自多个职能部门的信息，包括内部审计、审计委员会和高层管理人员。在 Woods（2009）概述的案例中，类似的方法被用于维护内部控制实践，能够更有效地促进处理内部控制和风险管理问题的专业 IT 系统逐渐实现正式化（另见 Huang 等学者关于可能有助于内部控制的潜在检测机制的例子[①]）。Pernsteiner（2018）等人同样表明，ERP 系统的引入将管理会计师的工作从系统可以自动处理的常规流程转变为更具战略性的工作。然而，如果 ERP 系统不够完善，且高层管理人员决定减少对系统进行昂贵的更新投入，管理会计师将不得不回归手动方式，使用电子表格来控制流程。因此，较低级别的管理会计师需要对强加给他们的流程进行反思，并找到提高流程效率的解决方案。Pernsteiner 等人指出，在整个组织中同时存在已知存在缺陷的 ERP 系统解决方案以及本地层面的变通解决方案，这可能导致公司内部的混乱。这凸显了定期更新 IT 系统以避免内部控制缺陷的重要性。Roberts 和 Candreva（2006）强调了不断"自我评估、纠正和报告这些控制措施的有效性"的重要性，并将其称为"控制内部控制"。为了实现这种"控制内部控制"，他们指出，负责任的行为者正在不断更新他们的政策和程序。除此之外，还需要培训那些虽参与内部控制过程，但缺乏足够内部控制知识的员工。

无论是引入专业 IT 软件、改善内部控制和风险管理的信息流，还是控制内部控制的过程，都对应于"嵌入和路由"的制度工作。行为者通过将"机构的规范基础引入参与者的日常工作和组织实践"来稳定和促进内部控制的实践。[②] 这些行为者（尤其是内部审计师）表现出强烈的目的性，因为组织需要投入大量资金来引入专业软件并持续控制过程，他们必须有充分的理由从事这份系统性工作。

3. 破坏内部控制实践

在某些情况下，管理者能够破坏现有的内部控制实践。众多学者都强调了一个问题，即如果高层管理人员有欺诈意图，他们可以轻易地"推翻

① HUANG S M, YEN D C, HUNG Y C, et al. A business process gap detecting mechanism between information system process flow and internal control flow [J]. Decision Support Systems, 2009, 47（4）: 436–454.

② LAWRENCE T, SUDDABY R. Institutions and institutional work [M] //S R CLEGG, C HARDY, W R NORD, et al. The SAGE Handbook of Organization Studies（2nd ed.）. London: SAGE, 2006: 215–254.

内部控制系统"。^① 因此，学者们认为，具有欺诈意图的行为者具有在内部控制系统中制造弱点的内在动力。

《萨班斯－奥克斯利法案》（Sarbanes-Oxley Act）惩罚存在内部控制缺陷的公司，因为这些缺陷必须向公众报告。然而，如果标准设置得过高，那么效果较差的控制系统可能对公司更具吸引力。Soltani 通过分析美国和欧洲发生的六起备受瞩目的公司丑闻之间的相似之处，并且简要总结指出"道德困境与董事会效率低下、公司治理和内部控制效率低下、会计违规行为、外部审计师的失败、占主导地位的首席执行官的贪婪和对权力的渴望以及组织内部缺乏健全的制度"，高层道德基调为"政策相伴而生"。^②

通过分析国外文献中关于"内部控制"的定义，本文旨在从"管理层"和"内部控制实践"的角度深入理解内部控制的内涵。这将为本书研究国内高校财务内部控制奠定坚实的理论基础。

二、国内研究综述

随着教育体制改革的不断深化，我国高校得到了显著的发展。高校已从传统的办学模式转变为多元化的办学模式。随着资金来源的日益丰富，投资渠道的拓展以及商业模式的多样化，高校也面临着一系列新的问题，如内部控制制度的不完善，资产管理存在安全隐患，融资能力受限，以及偿债服务风险过高等。近年来，高校管理中的偿债能力不足问题屡见不鲜，多元化办学带来的新挑战对高校财务管理提出了更高的要求。鉴于 2023 年国家在财务政策方面的重大部署和对高校内部控制要求的提高，提高我国高校内部控制质量，防范管理和业务风险，显得尤为重要和紧迫。

与国外研究相比，我国高校的内部控制研究稍显滞后。与企业的内部控制研究相比，高校在内部控制研究的深度和广度上仍有明显的不足。我国高校财务内部控制的大部分研究集中在以下方面。

① PATTERSON E R, SMITH J R. The effects of Sarbanes-Oxley on auditing and internal control strength [J]. The Accounting Review, 2007, 82（2）: 427-455.

② SOLTANI B. The anatomy of corporate fraud: A comparative analysis of high profile American and European Corporate Scandals [J]. Journal of Business Ethics, 2014, 120（2）: 251-274.

（一）关于高校内部控制的研究

基于中国知网收录的关于高校内部控制的相关文献，截至 2024 年 5 月 17 日，以"高校内部控制"为篇名的文献的主要主题分布、次要主题分布，以及学科分布情况如图 1.1—图 1.3 所示。

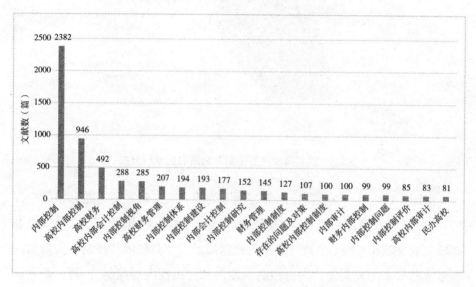

图1.1 以"高校内部控制"为篇名的主要主题分布

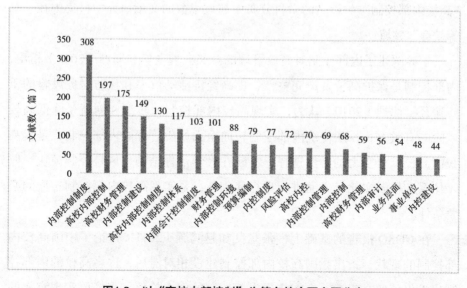

图1.2 以"高校内部控制"为篇名的次要主题分布

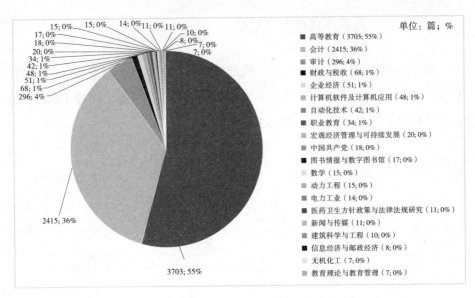

单位：篇；%

- ■ 高等教育（3703；55%）
- ▨ 会计（2415；36%）
- ▨ 审计（296；4%）
- ■ 财政与税收（68；1%）
- ▨ 企业经济（51；1%）
- ▨ 计算机软件及计算机应用（48；1%）
- ▨ 自动化技术（42；1%）
- ■ 职业教育（34；1%）
- ▨ 宏观经济管理与可持续发展（20；0%）
- ▨ 中国共产党（18；0%）
- ■ 图书情报与数字图书馆（17；0%）
- ▨ 数学（15；0%）
- ▨ 动力工程（15；0%）
- ▨ 电力工业（14；0%）
- ■ 医药卫生方针政策与法律法规研究（11；0%）
- ▨ 新闻与传媒（11；0%）
- ▨ 建筑科学与工程（10；0%）
- ■ 信息经济与邮政经济（8；0%）
- ▨ 无机化工（7；0%）
- ▨ 教育理论与教育管理（7；0%）

图1.3 以"高校内部控制"为篇名的学科分布

由图 1.1 可知，以"高校内部控制"为篇名的文献主要主题分布集中在"内部控制"方面，而涉及"内部控制评价""高校内部审计"以及"民办高校"的文献相对较少；图 1.2 中的数据显示以"高校内部控制"为篇名的次要主题分布主要关注"内部控制制度"和"高校内部控制"，对"业务层面""事业单位"以及"内控建设"等研究领域的关注较少；图 1.3 表明以"高校内部控制"为篇名的学科分布中超过半数的文献研究学科集中在"高等教育"领域。

学界阐述了内部控制对高校管理的意义。魏良华和邓彦（2008）指出，内部控制是保护高校资产完整性、提高经济活动效率和预防财务风险的重要途径。沈烈（2010）认为，实现高校内部控制的转型和创新是降低高校风险的有效方式，从传统内部控制转向全面风险管理的内部控制，是提高我国高校综合实力的必然选择。不断在大学治理结构、风险控制模块、监督体系和校园文化等方面进行运行和创新，是实现高校内部控制转型的必要条件。

在 COSO 报告的基础上，张兆良和赵鸿雁（2011）讨论了中国高校内部控制的现状，指出我国高校内部控制建设相对滞后，许多高校的内部控制建设仅停留在表面，未能实现内部控制的内在价值。高校要实现有效的内部控制，必须构建完善的内部控制框架体系，加强高校内部控制的基本规范，以提高管理水平和风险防范能力。

陈永云（2013）认为，高校内部控制应重点关注预算管理、科研经费管理、货币资金管理和会计管理等八个方面，这些是高校内部控制的关键环节，需要制定具体的预防措施，并加强管理。同时，高校在构建内部控制机制时，也可以借鉴企业的内部控制经验。

孙睿（2014）以内部控制要素为出发点，通过470份有效问卷，系统分析了高校内部控制的现状。研究结果显示，高校内部控制的重要性尚未得到充分理解，风险评估程序不到位，制度单一且缺乏刚性约束，信息传递不畅，内部监督不到位。

（二）关于高校财务内部控制的研究

截至2024年5月17日，在中国知网以"高校财务内部控制"为篇名进行文献检索，得到的"高校财务内部控制"的主要主题分布、次要主题分布以及学科分布情况如图1.4—图1.6所示。

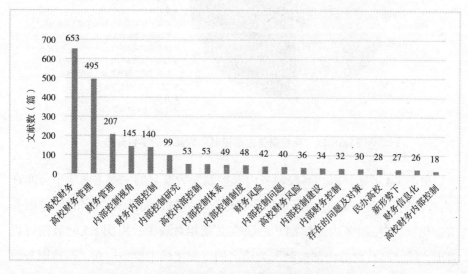

图1.4 以"高校财务内部控制"为篇名的主要主题分布

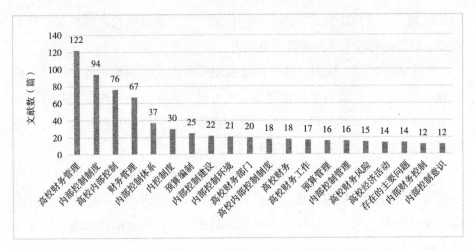

图1.5 以"高校财务内部控制"为篇名的次要主题分布

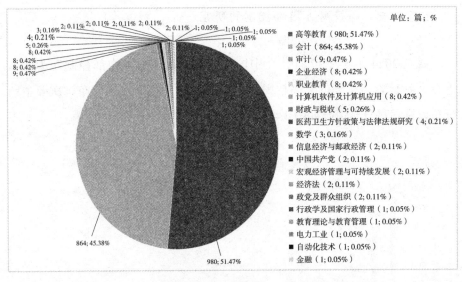

图1.6 以"高校财务内部控制"为篇名的学科分布

　　由图 1.4 可知,以"高校财务内部控制"为篇名的主要主题集中分布在"内部控制""财务管理""高校财务管理"等领域,而涉及"新形势""财务信息化""高校财务内部控制"的研究文献相对较少;由图 1.5 的数据可以看出,以"高校财务内部控制"为篇名的次要主题主要集中在"高校财务管理""内部控制制度"等领域,研究"存在的主要问题""内部控制意识"以及"内部财务控制"的文献相对较少;图 1.6 表明,以"高校财务内部控制"

为篇名的学科分布主要集中在"高等教育"和"会计"两个学科领域。

学界针对高校财务内部控制的主要内容进行了深入分析。在分析"统一领导，分级管理"和"统一领导，集中管理"制度的基础上，刘启生（2003）提出了一个新的基于分权、授权和综合管理的财务内部控制体系，并通过这种方式实现了员工的动员，同时加强了学校宏观控制管理的平衡。孙静（2014）认为，高校的资本支出和收入管理是高校内部控制的重要方面。她强调完善高校内部和外部审计的监督控制机制，改善高校的资本收支管理，是完善财务内部控制的重要途径。综上所述，我国大多数关于高校内部控制的研究集中在风险披露和控制上。然而，大多数评价指标体系侧重于高校的整体控制环境和控制程序，对财务内部控制体系的具体研究仍然较少。

（三）财务内部控制评价体系建构研究

第一，控制环境。控制环境是实施内部控制的基本条件，包括健全的内部控制体系、强烈的内部控制意识、合理的岗位设置和高素质人员等。建立良好的财务内部控制环境是实施其他要素的前提。财务内部控制体系的建立应包括明确的财务规章制度、严格的授权审批制度和公正的评估和激励制度。这些制度能确保高校的经济业务按照标准有序进行；明确财务部门及其他部门的职责范围；并设定合理的评估和激励制度明确相关工作目标，激励相关人员提高工作质量和服务水平。财务内部控制的实施应由高校领导牵头，财务人员、教师和学生共同参与，因此，高校领导是否具备强烈的内部控制意识，是否重视开展内部控制活动，是高校财务内部控制能否改进的关键因素。优化岗位设置，明确岗位职责是防止财务漏洞的有效手段。实施轮岗制度可以加深财务人员对财务处理流程的理解，从而更好地履行职责。

第二，控制风险。随着高校自主权的提升，业务日益多元化，涉及融资、预算、投资等多个方面的问题。为提升高校应对风险的能力，需树立风险意识，设立风险控制部门，建立风险预警机制，对投资和预算实施风险控制，并定期对相关风险进行评估。融资活动的风险控制应关注信用额度及相关债务的偿债能力。对于以 BOT 方式（建造—运营—移交方式）建设的固定资产，应进行全面的风险评估和监控。高校预算应基于实际情况编制，避免形式主义。在预算执行过程中，需根据实际情况灵活调整，确保预算控制的有效性。风险评估是风险预防的关键手段，高校应结合自身情况，定期对财务领域的内外部风险进行合理评估，并强化风险处理意识，加强风险管理过程的监控。

第三，控制活动。控制活动是对高校所有经济业务进行有效调节和监督的关键环节，也是高校财务内部控制的核心内容。它涵盖货币资金、预算、采购、资产和投融资管理等方面。首先，必须确保经济业务流程合法合规，会计记录准确完整。其次，要识别高校财务控制的关键点，对易产生欺诈和漏洞的重点业务进行重点管理和监督。货币资金管理是高校的基础业务活动，应从会计和出纳岗位分离、支付和审批程序以及库存现金管理等方面提高货币资金管理的效率。预算管理应关注预算的编制、执行和调整，财务部门应根据客观事实编制预算，并严格按照预算标准执行，积极解决预算执行中的问题，定期对执行结果进行评估和调整。采购活动的规范应确保采购审批流程合理、采购依据充分，并严格控制从采购到验收的整个过程。资产管理应加强资产的盘点、清查工作，设立专人进行维护和管理，提高资产使用效率，实现资产的跨部门多重利用和合理配置。

高校财务内部控制需要高校领导牵头，教职工共同参与，加强资产控制，优化业务流程。高校财务内部控制的本质在于优化内部业务流程，因此，有效的财务内部控制评价体系应主要关注控制环境、控制活动、控制风险、信息与沟通以及监督等方面。通过改进和优化薄弱环节，可以提高高校内部控制的效率，增强风险规避能力，进而提升高校的综合实力。

第二章

高校财务管理概述

　　财务管理是基于企业财务活动和财务关系而产生的，旨在合理组织企业财务活动、正确处理企业财务关系，是企业管理的重要组成部分，对企业的兴衰发展具有重要影响。在企业中，各项管理活动应当围绕财务管理进行展开。[①] 而高校作为事业单位，具有社会公益性和非营利性，承担着为社会服务、培养人才的社会责任。因此，高校的财务管理目标更侧重于获取长远利益以及宏观社会效益，与企业的财务管理目标存在本质区别。

　　企业的资金运营包括筹集资金、使用资金、回收资金三个环节。然而，高校财务管理的资金运营主要侧重于资金的筹集和使用。因此，高校需要在总体的教育目标指引下，通过价值形式组织财务活动、处理财务关系。财务活动是在再生产过程中客观存在的资金活动，体现了财务特征。高校财务活动主要包括筹资、投资以及在培养人才过程中分配和使用资金所产生的活动。财务关系则是资金运行过程中存在的经济关系，揭示了财务的内容本质。高校财务关系涉及高校财务部门在高校内外部开展经济活动，以维护高校财务管理活动的顺利进行。

　　中国高校的发展与革新面临来自国内外高校的竞争，因此在激烈的竞争中生存发展是目前中国高校面临的严峻考验。[②] 经济作为生存发展的基

---

① 王明吉，秦颐.财务管理学［M］.杭州：浙江大学出版社，2010：12.
② 兰江梅.浅谈高校财务管理的重要性［J］.当代经济，2013（20）：90-91.

础，合理的集资、投资是高校稳定发展的重要保障。因此，高校财务管理工作在高校管理中占据着重要地位。高校需要深刻认识到财务管理的重要性，积极探索财务管理的新思路，不断提高财务管理的水平，以确保高校在竞争中立于不败之地。

第一节　高校财务管理的意义与特点

随着教育体制的改革和经济的快速发展，高校财务活动趋向多样化、复杂化。高校的财政经费筹资渠道逐渐摆脱政府财政拨款的单一模式，呈现出多元化的发展趋势。高校财务管理的目标、理念和采取的方式也随之发生了明显的变化。这些变化使得高校发展面临新的挑战，例如不断增加的运作成本对高校财务管理工作提出了新要求。

一、高校财务管理的意义

近年来，随着高校招生规模的扩大，教学资源面临巨大压力，高校管理面临的挑战不断加剧。为了应对这一挑战，虽然许多高校选择扩建校园和增加基础设施，但是这些扩建资源的资金是有限的。高校的资金来源主要包括政府资助、学校自筹资金以及社会捐助。在财务资源方面，高校拥有两大类资产：一是固定资产，如教学楼、宿舍、教学设备、图书和体育设施等；二是流动资金，包括学生奖学金、教职工薪资和奖金等，主要用于满足高校的日常运营需求。因此，提高财务管理水平对高校来说至关重要。它不仅是确保资金有效配置的基础，而且通过高效的财务管理，高校能够合理节约资金，加快资金流动，从而提高资金的使用效率。因此，高校必须精心规划、预算、核算、调度和分析资金。财务管理是资源优化配置的核心，只有建立健全的财务管理体系，才能促进资金的合理使用。

（一）高校财务管理为高校改革和发展提供坚实支撑

为了适应当前人们对文化教育不断增长的需求，并改进教育实践工作，我们需要重视财务管理在其中的关键作用，并不断提升高校的财务管理能力。这包括提高高校财务管理的经济管理水平，以及提高高校的发展规模和效益。当前，高校在发展过程中面临着诸多挑战，如维持公平与效率的平衡、内涵发展和外延发展的协调关系等，这些问题都将影响高校发展的长远性和持续性。为此，我们必须通过深化改革来克服这些难题，推动高校教育从侧重于学生的学历向促进学生的全面发展的方向转变，打造一个开放且多元化的教育体系，并提升教学管理的品质。只有当财务管理能力得到显著提升，我们才能为高校的发展和改革提供坚实可靠的支撑。

（二）高校财务管理促进高校全面、协调、可持续发展

高校财务管理与高校内的其他管理紧密相连。高校各类、各层级的活动事项需要财务管理提供财务支持，并与财务部门建立紧密的合作关系。高校财务管理的具体内容包括单位层面内部控制、预算业务管理、收入业务管理、支出业务管理、采购业务管理等。因此，高校财务管理需不断协调高校内的各项工作，以更好地履行其职能。一般而言，高校会制定关于报销的相关制度，比如购买办公用品或设备时，需要经办人签字确认，随后经过主管领导的审核签字，大型教学设施的财政支出还需校长签字，最后进行报销、入账。财务部门在学校的资金运转中起到协调各方的纽带作用。促进财务管理体制的规范化和结构化建设，是高校发展树立科学发展观的重要举措。只有合理控制高校贷款规模和盲目扩张，将当前利益和长远利益相结合，将社会效益和经济效益相协调，才能促进高校全面、协调、可持续地科学发展。

（三）高校财务管理是高校培养人才和自我监督的重要保障

随着教育体制改革的深化，不少高校已转向多元化筹资模式，不再单一依赖国家财政拨款。随着学校收入规模的扩大，高校的活动范围也在拓展，包括科研、教学以及对外投资、合作和租赁等。这种自主权的增加也带来了更高的财务风险。因此，建立和完善资金筹集与运用的监督机制变得尤为迫切，而财务管理正是这一监督机制的关键所在。高校必须不断改进和完善其财务管理制度，以实现更加精细化和规范化的管理。

从宏观层面来看，高校财务监督涵盖外部政府监督和校内自我监督两大方面。校内监督进一步细分为民主监督和制度性监督。制度性监督涉及建立一整套健全的财务管理体系，包括预算、审计、内部控制、会计等方面，以此对校内经济活动进行核查、监管和管控。有效的财务管理是加强财务监督的基础，对于确保高校经济活动的合规性和合理性至关重要。

目前，高校在市场经济环境下培养人才，需要同时注重社会效益和经济效益。经济效益通常指高校通过科研成果转化，以产学研一体化或校办产业相结合的方式为学校发展提供财力支持，改善办学条件和师生福利。可见，社会效益和经济效益已成为现代高校的重要目标。高校不仅要培养出社会需要的人才，也要在改革的背景下创造经济效益，从而为高校的建设提供坚实保障。因此，加强高校的财务管理工作，在市场经济环境下，只有建设以经济实力支撑作为保障、人才培养作为动力的高校，才能创造更多的社会价值。①

二、高校财务管理的特点

高校作为非营利组织，其管理活动不同于营利性组织的生产经营活动，而是具有独特的逻辑系统和应用路径。高校主要注重人才培养、科学研究、

① 朱春天.浅谈高校财务管理［J］.当代经济，2013（23）：74-75.

社会服务、文化传承创新等社会效益。

第一，资金来源的多元性和无偿性。高校经费收入来源多元化，不仅包含政府的财政补贴，还涵盖通过教学、科研、社会服务、经营活动等获得的教育事业收入、科研事业收入、经营收入、投资收益、捐赠收入、利息收入等。这种"以政府投入为主，多渠道筹措资金"的财政来源现状，使得公办高校的办学资金多来源于国家财政、个人或机构捐赠，以及基于"成本补偿"原则向受教育者收取的学费等。因此，从高校财务管理的资金来源角度来看，其具有明显的多元性和无偿性特点。

第二，社会效益和经济效益的统一性。尽管高校资金来源日益多元化，但其运作这些资金的目的并非追求资本的保值或增值，而是始终如一地为社会公众提供各种"公共物品"。[①] 现阶段，我国高校承担着人才培养、科学研究、社会服务、文化传承创新四大职能，这些职能的核心在于提供"公共物品"，促进教育事业的可持续发展。高校的中心工作应围绕其法定职责和使命所决定的社会责任展开，即使存在营利性质的经济活动，也被视为后勤保障活动，而非中心工作。因此，在高校财务管理的过程中，应坚持社会效益和经济效益的统一性。

第三，财务风险管理的严格性和规范性。高校财务管理主要分为两种类型，即"统一领导、集中管理"和"统一领导、分级管理"。[②] 在"统一领导、集中管理"模式下，高校设立一个统一的财务管理部门，负责领导和整合全校的财务活动，包括制定财务政策、调配资金资源，并对全校财务进行集中管理。而在"统一领导、分级管理"模式下，各二级单位（如学院）在校级财务部门的统一指导下，拥有一定程度的财务自主权，可以根据自身业务需求进行分级管理。例如，学院可以设立相对独立的财务核算单位，配备适当的财务岗位和会计人员。无论采用哪种管理类型，高校资金的收支和使用都必须严格遵守国家法律法规，并接受上级部门的监管。高校财务部门必须依法依规进行财务审核、处理和报表编制，确保资金和资产使用的合法合规性，以及财务信息的真实性。所有收支和资产应纳入

① 陈焕娣.高校内部控制建设及典型案例［M］.苏州：苏州大学出版社，2022：5.

② 李喜华，司美玲.校园一卡通系统在民办高校财务管理中的问题及对策［J］.赤峰学院学报（自然科学版），2014，30（18）：155-156.

学校统一管理，进行集中核算，并对使用效益进行有效监控和正确评价。此外，高校应设立财务稽查、审计、纪检等部门，加强财务监控，防范徇私舞弊和贪污腐败等问题的发生。

第二节　高校财务管理的目标与原则

一、高校财务管理的目标

财务管理目标是在进行财务活动过程中追求的根本目的，是经济体经营目标在财务管理领域的集中体现和概括性表达，是一切财务管理活动的出发点。高校财务管理应有明确的目标和规划，其目标应紧密围绕高校发展的根本任务，结合高校的发展目标开展具体的财务管理工作。各个高校的财务管理目标需根据高校的发展总目标进行调整和规划，目标应根据高校所具有的特点，例如公益性、教育性、服务于国家的特定内涵。[1] 以下将从不同层面概述高校财务管理目标。

（一）基本目标——建立行之有效的财务管理系统

高校财务管理的核心在于建立一个有序、高效的财务管理和控制系统，以确保经济活动的良性运行和风险的可控性。[2] 为此，必须建立健全的内部管理制度，并采取有效的控制措施。一个运行良好的财务管理系统不仅是高校正常运营的基础，也是实现其他财务管理目标的前提。[3] 作为高校的二级职能部门，财务管理部门的主要职责是确保经济活动的有序进行和风险

① 李强. 高校财务管理与发展新探 [M]. 成都：电子科学技术大学出版社，2021：5-16.

② 李蕊，孟雅，白钰杰. 高校财务管理与内部控制研究 [M]. 长春：吉林出版集团股份有限公司，2023：1.

③ 徐悦. 现代高校管理与辅导员工作精细化研究 [M]. 北京：北京工业大学出版社，2020：10-13.

的有效控制。构建并有效执行严格的财务管控系统是实现这一目标的关键。只有持续努力并有效实施，才能促进高校教育事业的持续发展。明确且切实可行的财务管理目标是实现经济活动良性运行的基础，缺乏明确的目标将阻碍高校的可持续发展。因此，高校财务管理的基本目标是建立行之有效的财务管理系统。

（二）主要目标——促进资金筹集和使用效益最大化

高校财务管理的主要目标之一是筹资最大化，即通过多元化的渠道和方式，合理有效地筹集发展所需资金。与追求利润最大化的企业不同，高校作为教育事业单位，其财务管理目标更侧重于资金筹集的合理性和有效性。高校的资金主要来源于政府投入和学费收入，其中学费作为政府批准的事业性收费，用于补充教育经费，是筹资的重要部分。高校还应积极争取政府专项资金和社会捐赠，以实现筹资最大化。[①]

此外，资金使用效益的最大化也是高校财务管理的主要目标。高校应确保资金的有效利用，避免盲目或随意投资导致的资金浪费。资金的使用应首先保障高校的正常运营，其次服务于高校的发展大局，因此，高校资金的使用应优先投入于学校规划和优先发展的项目。同时，必须评估资金使用的效益，确保每个投资项目都能取得良好的成果，从而实现资金使用效益的最大化。

二、高校财务管理的原则

在市场经济不断发展的当下，高校为适应时代的发展变化，保障高质量的教学内容，实现高层次的教学目标，需要建立在科学合理的高校管理之上，其中财务管理扮演着至关重要的角色。高校财务管理在确保教学质量的同时，承担着多元化筹资和合理分配使用资金的任务。

第一，坚持中国特色社会主义办学方向。习近平总书记指出："办好我

---

① 刘斌.财务绩效与高校财务管理研究［M］.长春：吉林人民出版社，2022：16.

国高等教育，必须坚持党的领导，牢牢掌握党对高校工作的领导权，使高校成为坚持党的领导的坚强阵地。"办学方向是立校之本、办学之要。高校财务管理在大力发展非公共职能的同时，必须始终坚持以中国特色社会主义办学方向为根本原则。坚持围绕立德树人的教育目标设计学科体系、教学体系、教材体系、管理体系等。在财务管理制度的改革过程中，需要听从党的领导指挥、接受党的监督与评价，严格履行公办高校的受托责任，提高国有资产使用效率，杜绝国有资产流失。[①]

第二，信息透明原则。在高校财务管理规划中，应重视受托责任的基础性作用，并提升财务信息的决策支持价值。信息透明原则一方面在确保高校信息安全、维护其竞争优势的前提下，将财务管理公开、公正和透明化，以减少信息不对称，促进高校更好地适应市场经济环境，提高资源的使用和配置效率；另一方面，要求高校充分利用内外部监督机制，如党委、纪委、内部控制、内部审计、中央巡视等，构建高校内部的监督协同体系，实现财务管理和规划监督的全覆盖，推动高校治理迈向现代化。

第三，协调多方经济关系原则。高校财务管理应遵循协调多方经济关系原则，考虑高校内部的整体利益，与其他部门建立长久有效的协同和配合关系。因此，在财务管理过程中，需要权衡和关注其他相关部门的利益和成本。通过综合考量、量力而行，根据学校的发展规划和目标，集中财力优先保障解决发展目标中急需处理的问题，寻找未来学校可持续发展、科学平衡发展的"最优解"。高校在发展战略制定过程中应体现发展的长远性，对教育改革、高校制度的未来方向进行前瞻性判断。另外，由于高校在社会经济生活中不是独立存在的"孤岛"，高校在进行预算编制、绩效评价等财务规划活动中，应当充分考虑和兼顾包括学生、教职工、政府、用人单位、合作企业、社会公众等利益相关者的综合利益。[②]

---

① 杨育龙，袁婷."十四五"时期高校财务管理规划改革：理论与实务探讨［J］.天津大学学报（社会科学版），2022，24（4）：376-381.

② 邵明昱.利益相关者理论在高校预算绩效评价中的应用研究［J］.中国市场，2021（11）：94-95.

第三节　高校财务管理的职能变迁与扩展

改革开放以来，随着社会主义市场经济体制改革目标的逐渐明确，高校教育体制也需要与经济体制同步变革，以解决高校投资主体单一性以及办学缺乏积极主动性的问题。通过实现高校投资主体的多元化，教育规模不断扩大、资金效率得到提高、办学条件得到改善、办学实力得到增强，从而更好地适应市场经济对高等教育的需求。进入 20 世纪 90 年代后，我国在高校教育投资体制方面进行了重大改革，原有的政府拨款的单一投资体制和国家控制运行的管理模式被彻底打破，高校的教育经费来源结构发生了明显变化，政府投资所占比重开始逐年下降。[①]

1990—2004 年，尽管全国教育经费投入总额逐年增长，但同期其占高校教育经费收入总额的比例呈现明显下降趋势，从 1990 年的 87.7% 下降到 2004 年的 42.3%。与此同时，非政府投入的财政性教育经费（包括社会团体及公民个人办学、捐集资、学杂费和学校其他自筹收入等）占高等教育经费的比例有明显提高，由 1995 年的 21.03% 上升到 2004 年的 57.7%。其中，学费、杂费收入占高等教育经费的比例从 1990 年的 2% 大幅上升至 2004 年的 23.7%。[②]

上述数据表明，我国已初步形成高校教育投资主体多元化的新格局。这种多元化投资渠道的形成，不仅改变了过去高校过于依赖政府财政投资的状况，还改善了高校所处的经济和社会环境，增强了高校经济运作的积极性和活力，同时加强了高校与各经济利益者以及社会发展之间的紧密联系。在高校融入市场环境的背景下，经济行为的市场化和财务关系的复杂化要求高校管理，特别是财务管理，根据投资体制变迁不断增强和扩展其职能内容，以满足多元化投资体制对高校财务管理多样性的要求。

---

① 李永宁 . 高等教育投资体制变迁与高校财务管理职能的扩展［J］. 财务与金融，2006（3）：62-65.
② 此数据由笔者根据《中国教育经费统计年鉴（1990—2005）》计算而得。

一、高校投资体制的变迁

我国高等教育投资体制经历了从单一化向多元化的重要发展变迁，这一过程可以概括为两个阶段：投资主体单一化阶段和投资主体多元化阶段。

（一）投资主体单一化阶段（1949—1979年）

从中华人民共和国成立到改革开放的初期，政府一直是高等教育投资的唯一渠道。财政拨款作为主要的资金来源形式，使得记账、算账、报账及代为监督成为这一时期高校财务管理的主要职能。在这一时期，政府不仅作为高校的所有者，还兼任经营者，既是举办者也是办学者。高校实质上成为政府机构的延伸和附属，其设立、专业设置、办学模式、教育教学目标、科研项目、学科建设、招生分配、校办产业以及后勤服务等均严格遵循政府的指令性计划。高校的自主发展权力相对较小，主要按照政府制定的运行规则完成任务。这种直接管理和过度干预的治理模式，限制了高校在办学层面的积极创新性和主动创造性。

在财务管理方面，高校的主要职能是履行受托责任，确保对政府资金的合理分配和使用，实现财务的量入为出和收支平衡。同时，高校还需完成国家规定的教学任务，以实现社会效益最大化为主要目标。

（二）投资主体多元化阶段（1980年至今）

自改革开放以来，高校的资金来源结构逐渐形成了以政府拨款为主导，社会自筹和高校自筹为辅，同时发挥市场筹资作用的多元化投资格局。

根据投资经费占比情况的具体转变过程，投资主体多元化阶段可细化为以下两个阶段。

第一阶段（1980—1998年）：这一阶段以财政拨款为主要资金来源，辅以社会自筹和高校自筹的多元化投资格局。

1980年以来，我国在扩大政府对高校教育投资的同时，也注重了社会自筹和高校自筹的渠道。政府先后推出了相应的行政性法律法规，如1990年由国家教委、人事部等部门联合颁布的《普通高等学校招收自费生暂行规定》，允许高校按照规定通过招收自费生等方式筹集教育经费。此外，政府还鼓励高校通过向社会提供教育服务增加收益，以及接受社会、个人的捐赠。这使得社会自筹和高校自筹所占经费比重逐年上升。据统计，1998年全国高校高等教育经费总计587.38亿元，其中政府拨款占61.88%，其他经费占38.12%，其中学费收入总计89.43亿元，约占当年高等教育经费的比例达15.23%。[①]

第二阶段（1999年至今）：这一阶段，政府拨款在资金来源中的主导地位逐渐减弱，而社会自筹和高校自筹则逐渐成为主要来源，财政拨款转为辅助地位，资本市场筹资作用明显增强。

1999年，我国实行高校扩招政策，并制定了相关法律法规明确了高校作为实体法人的主体性，促进了高校办学形式的多样化。这使得我国高校真正成了面向社会自我筹资、自我发展、自我约束的独立主体，从而进一步增强了筹资自主权。全国各地先后出现了如校校联合、银校合作、控股、参股上市公司等多种主体联合投资的形式，广泛吸收了社会资本。社会自筹和高校自筹所占经费比例逐渐超过了财政拨款的份额。在多元化投资体制下，我国高校教育经费来源日趋多样化，包括政府资金、社会资金、个人资金以及国外资金在内的多种资本已广泛投入我国高校教育领域。这一变化不仅提高了我国高等教育的投资水平，缓解了财政资金的压力，而且增强了高校的社会参与度，引入了竞争机制，使高校与经济、社会、文化、环境之间的联系日益紧密，加速了资金流动。

二、高校财务管理职能扩展的具体表现

面对日益复杂的管理环境，高校财务管理职能不能再仅限于传统的记账、核算和报账，而应顺应时代发展，满足新形势下的需求，及时扩展其

---

① 此数据由笔者根据《中国教育经费统计年鉴（1990—2005）》计算而得。

职能。这包括对资金运动的精细管理、对投资效益的深入分析、对财务风险的有效控制以及对财务决策的科学支持等方面，以促进高校在新形势下的持续发展和现代化进程。

（一）控制成本职能

我国高等教育资金来源长期依赖政府财政投入，由于高校在以政府为主导的行政管理模式下运行，既需遵循行政机关规则，又受限于财政拨款，导致高校管理缺乏独立自主性，容易形成依赖政府资金、忽视成本控制的思维定式，进而造成资源浪费和效率低下。

近年来，随着高校资金来源的多元化和办学形式的多样化，市场对高校的需求以及各高校吸引学生能力的差异对高校的财务状况产生了重要影响。高校作为纯粹的公益机构的界限逐渐被打破，高校的市场竞争力成为不容忽视的现实问题。因此，高校在市场竞争中，需要考虑办学的成本问题，并意识到合理补偿办学成本的重要性。

高校财务管理应加强对成本核算和控制的重视，以解决教育经费短缺和资源浪费的问题，进而促进高校社会服务功能的持续发展。为此，高校需要增强办学成本意识，强化成本管理，在确保教学质量提高的基础上，以最小的资金投入实现最大的经济效益。这有助于确保高校在竞争中拥有坚实的经济基础，从而不断完善教学设施，提高教学质量，促进高校现代化的健康顺利发展。

（二）协调筹资职能

在我国高校经费主要依赖政府财政拨款的时期，高校在筹资方面缺乏足够的权力、能力和动力。在单一投资主体的时代，高校筹集资金的思维往往是"等、靠、要"。然而，随着多元化投资主体体系的建立，高校开始打破原有的筹资思维，积极寻求政府拨款以外的投资渠道。高校主动适应市场竞争，不断增强自身的竞争优势，争取更多的经费支持，保障高校自身的生存和发展。

高校作为面向社会自主办学的法人实体，应进一步落实财务管理的自主权，为筹集和使用资金创造良好的外部环境。近年来，高校筹资活动日益增多，筹资协调职能和能力逐渐增强。例如，通过加强与各经济体的联系沟通，积极争取政府的财政拨款；开展银校合作，适度利用金融机构进行融资；利用新媒体加强宣传，吸引生源以增加学费收入；提升科研能力，积极争取横向科研收入和社会服务收入；接受社会捐赠等。这些筹资举措体现了我国高校投资主体多元化趋势，推动高校筹资向主动、实质性的方向发展。

当前，高校财务管理的一个重要任务是在谨慎的原则基础上，以最低的筹资成本和财务风险筹集到满足高校办学和发展所需的全部资金。这要求高校财务管理部门科学、合理、规范地发挥筹资协调职能，确保资金的有效筹集和使用。[①]

（三）投资决策职能

在单一投资体系下，高校在政府行政管理之下，因此其投资选择受到政府行政指令的控制，不仅缺乏独立决策的权限，更难以谈及科学投资。在多元化投资体系中，高校作为一个面向社会自主运营的独立实体，其投资和财务管理的自主权得到了明显提升，从而更加明确投资的主客体关系。面对市场竞争力的影响，高校的投资不仅要追求形式上的规模扩大，更应注重提升投资效益。高校在制定投资决策时，需要整体、科学、前瞻性地考虑投资的风险成本、时间价值、经济和社会效益，重视投资收益的全面性和长远性，避免盲目追求规模而忽视效益的倾向，以提高资源的利用率和效益值。高校可以运用现代风险价值整合理论和数字化、自动化的技术手段，进行深入分析和科学评估，选择最佳方案，实现资源的合理配置，达到投资效益的最大化。

[①] 黄兰霞.论高校财务管理目标及实现路径［J］.内蒙古科技与经济，2008（11）：71-73.

（四）预算管理职能

作为以提供服务为导向的非营利机构，高校将预算管理视为其财务管理的核心管理策略之一，这对于规范财务运作和平衡财务收支至关重要。在单一投资体系中，高校预算管理的资金流动受限于资金自主使用权。预算管理主要聚焦于制定财务收支计划和评估计划执行情况。然而，随着多元化投资体制的建立，高校与外部经济的互动日益密切，资金流动情况变得更为复杂。资金的投向、效益评估和监督考核显得尤为重要。这要求高校财务部门在预算管理上不能停留在传统的"统筹安排、量入为出、收支平衡、略有结余"的层面，以科学性、绩效平衡性、完整规划性、重点突出性和稳妥性为原则，采用更具实效性的零基预算或弹性预算方法，细化项目预算，制定科学合理的定额标准，严格控制非计划性支出，提升预算管理的专业性、合理性和有效性。[①]同时，应强化经费预算的参与机制，激发各级管理人员在经费预算投入和使用中的积极性和创造性，以实现高校资源的合理配置和有效利用。通过此方式，高校将能更好地应对多变的经济环境，提高财务管理水平，推动教育事业的健康稳定发展。

（五）风险防范职能

在单一的投资模式下，高校的资金来源几乎完全依赖政府的财政支持，同时高校培养的人才也由政府统一分配就业，这种体制使高校处于一种相对无风险的状态。然而，随着多元化投资体制的逐步形成，政府、企业、社会团体以及个人成为高校投资办学的多元资金来源。这一转变不仅拓宽了高校的资金来源渠道，有效缓解了资金短缺的问题，而且将高校推向了更为开放的市场经济环境中。高校的办学资源配置受到市场机制"看不见的手"的调控，所有的经济活动必须遵循市场规则。这要求高校在资源配置、人才培育等方面都要适应市场的需求和变化，以提升自身的竞争力和适应性。市场因素的介入为高校带来了挑战与机遇，高校在保持教育质量的同时，也要注重市场化运作，以实现可持续发展。市场因素的介入已经

① 林荣日.我国高校财务管理若干问题实证研究［J］.开放教育研究，2011，17（1）：56-62.

深刻影响高校的发展，竞争是市场经济的必然产物，高校在未来的发展中无法避免竞争的存在。正所谓"祸兮福之所倚，福兮祸之所伏"，虽竞争的存在必然伴随着风险，但风险中也蕴藏着机遇。因此，高校现在正处于一个充满挑战和机遇并存的环境中。近年来，随着我国高校积极探索产业化办学和全面深入扩大规模的新时期到来，高校面临的财务风险，尤其是举债风险、投资风险等，已经日益凸显。面对这些风险，我国高校应及时建立财务风险的经营责任制度及风险的防范与调控机制，有效规避风险，提高办学效益。[①]

（六）信息披露职能

在单一投资体系中，高校与政府之间的联系是单向的，高校财务信息披露的对象仅限于政府，其他利益相关者难以获得高校的财务信息。随着投资主体的多元化，仅面向政府的财务信息披露机制已无法满足不同利益相关方的诉求。例如，金融机构需要了解高校的资产负债和资金流动情况，以评估是否为其提供贷款服务；学生和家长需要了解高校的发展规模、财务状况、奖学金政策以及学费水平，以决定是否报考该高校；教职工需要了解工资增长和效益分配情况，以评估学校的薪酬体系。因此，高校需要改变和更新其财务信息披露机制，主动向社会、政府及公众等多方开放，提供准确且及时的财务数据。这不仅能够满足多元化投资主体对投资回报的合理期望，也是构建一个公平合理的高校成本分担机制的必由之路。通过这种方式，高校不仅能够更有效地管理财务，还能提高财务透明度，从而更好地维护所有利益相关方的权益。

（七）行为规范职能

高校的财务行为，是指财务人员及财务组织在内外部环境因素的推动和影响下，为实现高校财务目标而进行的现实且主动的响应活动。这些行为作为高校内部经济活动的外在体现，决定了财务运作的基本导向，同时

---

① 李永宁.高等教育投资体制变迁与高校财务管理职能的扩展［J］.事业财会，2006（3）：62-65.

也受到高校整体财务目标的限制。在单一投资体制下，高校的财务活动呈现出封闭性，其财务行为表现为单一化和事业化。然而，随着多元化投资体制的建立，尤其是我国经济体制由计划经济向市场经济的转型，高校的财务活动已由封闭型转变为开放型，财务行为也从单一化和事业化向市场化和多元化转变，并逐步迈向规范化、科学化和合理化。鉴于我国目前市场经济体制仍在不断完善中，我国高校财务行为在体现计划性的同时，也带有一定的非逻辑性。因此，在规范高校财务行为的同时，需要加强财务行为的理念更新、目标制定、方法选择、组织设置及制度建设等方面的规范和优化，以提高高校财务行为职能的有效性和标准化水平。

（八）资产规划职能

在单一投资体制下，由于高校的经费来源相对有限，这在一定程度上限制了高校的发展潜力，导致高校在发展过程中普遍存在规模较小、效益较低的问题，且资产管理相对简化。随着投资体制的多元化，高校的教育经费来源逐渐增多，高等教育规模不断扩大，高校资产的种类也日益丰富，其中经营性资产的比重日益上升。这种变化迫切要求高校管理，特别是将高校财务管理纳入日常管理的重要议程。高校不仅需要从确保国有资产保值增值的角度出发，严密防范国有资产的贬值与流失，还应从规模效益的视角出发，建立科学的投资决策流程，摒弃"重投入、轻产出"和"重购买、轻管理"的传统观念。高校应加大对无形资产及校办产业等经营性资产的投资与管理力度，以不断提升其经济效益。同时，应加强对货币资金的内部控制与优化管理，缩减应收款项及暂付款项的规模和滞留时间，以便灵活调配资金，减轻财务负担，降低潜在风险，实现资源的优化配置，提高资产使用效率。

第三章

高校财务内部控制体系构建

内部控制作为一种管理工具或手段，应当与时代的发展紧密相连。随着时代变迁、社会发展的特点阶段、经济环境的变化以及管理思想的演进，内部控制理论也在不断地进行动态调整。

第一节　内部控制的发展与理论基础

随着社会经济的不断进步，组织间的竞争日益激烈。为了提升管理绩效，各经济组织逐渐发展和演化出内部控制作为组织自我控制、自我约束的管理手段。内部控制存在组织之中，并不是组织发展的最终目的，也不是为了控制某一事项，而是作为服务组织的一种管理手段，是贯穿在组织活动中管理和控制手段的有机整合。①

一、内部控制的概念界定

内部控制的发展历史悠久，其实践根源可追溯至公元前 3000 年前的美索不达米亚文化。然而，尽管存在内部控制的管理思想，但由于当时社会

---

① 李强. 高校财务管理与发展新探［M］. 成都：电子科学技术大学出版社，2021：145.

生产力发展水平较低，未形成完整的管理理论。直到 15 世纪，随着西方资本主义的兴起和复式记账法的出现，促进了管理思想的发展，进而推动了以管理职能分离为目的的内部控制思想的应用和发展，为内部控制理论的发展奠定了基础。

不同国家的学者或组织机构，基于各自时代的管理理念和实际操作结果，以及个人认知，对内部控制的概念提出了不同的意见和观点。这些对内部控制多元化的解读体现了内部控制在不同历史时期和管理环境中的适应性和灵活性。

内部控制理论的来源和发展是在满足社会环境需要的基础上进行的，形成了完整的理论体系。对内部控制的研究不仅要随时代背景的变迁而变化，还要根据内部控制机制实施的结果进行调整和发展。尽管内部控制的起源是基于组织内部管理的需要，但如今，随着社会责任元素的逐渐融入，内部控制的内容和立意不断得到深化和扩展，成为广泛意义上的内部控制。

1936 年，内部控制作为专用名词和完整概念首次由美国会计师协会提出，它是旨在保护现金和其他资产、检查簿记事务的准确性而在公司内部采取的手段和方法。[①] 此后，内部控制的概念逐渐得到学界的普遍认可和接受，并在此基础上不断发展和完善。

随着各国经济和社会情况的变迁，学者们对内部控制概念的观点也在不断发生变化。同时，国际组织对内部控制概念的界定和内涵延伸也随着全球经济形势的变化不断深入。

1981 年，国际会计联合会（现已更名为国际会计准则理事会，International Accounting Standards Board，简称 IASB）对内部控制的定义强调了组织体制的设计和采用的方法和程序，旨在有程序和有效率地进行经营活动，以达到既定的管理目标。1986 年，第十二届国际审计会议在其总声明中提出了内部控制的定义，这个定义扩大了内部控制的范畴，包括了财务和其他控制体系，强调内部控制的目的在于确保企业经营活动的合法性、经济性、效率性和效果性，以及管理决策的贯彻、资产和资源的安全，以及会计记录的准确和完整。[②]

① 龚杰.从内部控制发展史论我国内部控制建设方向 [J].中国总会计师，2010（1）：86-88.
② 周德孚.管理控制 [M].上海：上海财经大学出版社，1998：6.

内部控制是一个抽象的概念，其在不同背景和概念条件下都具有可取之处。从内部控制概念界定的发展过程来看，其内涵日益广泛、构成要素意义融合、与组织目标联系日益密切。综合以上分析，本书对内部控制的理解为：内部控制是指为了保证组织经营活动的效益性、财务报告的可靠性、遵循法律法规的合规性而自行建立的，旨在检查、制约、调整、监督组织内部管理活动，对公众负责的自律性系统。①

二、内部控制产生的理论基础

不同学者对于内部控制产生的理论问题有不同的认识。以下将从系统论、控制论和委托代理理论三大内部控制产生的理论基础出发，阐释本书关于内部控制的理论基础。

（一）系统论

系统论认为在同一体系中的事物之间存在普遍联系，所有事物通过特定的规则和方法组合为有机的整体，因此某一体系的特点是具有统一性、相关性和顺序性。学界普遍认为，美国理论物理学家路德维希·冯·贝塔朗菲（Ludwig Von Bertalanffy）在1932年提出的"开放系统理论"中首次确立系统论为一门独立的学科。1968年，贝塔朗菲在其专著《一般系统理论：基础、发展和应用》中提到任何一个系统都是由若干个部分组合在一起的，每一个部分在系统中都有着其特定的意义，在整体系统的各个部分之间、系统与部分之间都存在着明确的关系。②

系统论主张，所有体系内部都具有共同的基本特征：整体性、关联性、等级结构性、动态平衡性和时序性。③系统论不仅关注于理解这些特征和规律，更关键的是利用这些知识来监管、经营、重塑和创造系统，使之符

---

① 陈竹. 高校内部控制分析与设计［M］. 北京：兵器工业出版社，2005：5.

② 路德维希·冯·贝塔朗菲. 一般系统论：基础、发展和应用［M］. 林康义，魏宏森，译. 北京：清华大学出版社，1987：16.

③ 彭建，吕丹娜，张甜，等. 山水林田湖草生态保护修复的系统性认知［J］. 生态学报，2019，39（23）：8755-8762.

合人类的目的和需求。在研究和分析问题时，系统论将研究对象视为统一的整体，从整体性的角度解决问题，分析要素之间的关系、功能特点和演变规律。系统论为内部控制的发展提供了理论支持，引导内部控制从散乱、静态的状态向系统化、动态化和主动化的方向发展。通过动态分析系统中各部分之间的关系，完善和优化内部控制机制。

（二）控制论

控制论（Cybernetics）源自希腊词汇"kybernetes"，意指"操舵手"。在古典哲学中，"控制"指的是管理和指导的技艺。[①] 在现代科学中，控制论探讨的是动物（包括人类）和机械系统内的控制与通信机制的一般规律，侧重于数学上的过程关系。控制论是一门综合类学科，研究不同系统的控制问题、信息交换和反馈调节机制，横跨了人因工程、控制理论、通信工程、计算机科学、生理学、神经科学、心理学、数学、逻辑学以及社会学等多个学科，形成了一个独特的交叉学科领域。

1834年，在法国著名的物理学家安德烈·玛丽·安培（André-Marie Ampère）的一篇科学哲理性论文中对科学进行分类，他将管理国家的科学命名为"控制论"。诺伯特·维纳（Norbert Wiener）在1948年发表的《控制论或关于在动物和机器中控制和通信的科学》（原名为《Cybernetics：Or Control and Communication in the Animal and the Machine》）一书中，正式提出了控制论的概念，并将其界定为"研究动物和机器中控制与通信现象的科学"。[②] 维纳将控制论视为研究机器、生命科学和通信中普遍规律的一门学科，并关注动态系统如何在不断变化的环境中维持平衡或稳定状态。维纳特意创造了"cybernetics"这个术语来指代这门新兴科学。从此，自然科学和社会科学领域广泛应用控制论的理念和方法。控制论强调控制是一个组织为了适应发展需求，对内部和外部变化进行持续调整的过程，以此来应对系统发展过程中的不确定性，并确保系统能够维持某种特定的状态的行为。

---

① 王宏昌. 控制论与社会经济现象 [J]. 数量经济技术经济研究，1985（11）：7.

② 诺伯特·维纳. 控制论或关于在动物和机器中控制和通信的科学 [M]. 洪帆，译. 北京：北京大学出版社，2020：135-147.

（三）委托代理理论

在 20 世纪 30 年代，美国的经济学者阿道夫·A. 伯利（Adolf A. Berle）和加德纳·C. 米恩斯（Gardiner C. Means）在他们合著的《现代公司与私有财产》（原名为《The Modern Corporation and Private Property》）一书中阐述了一个观点，即现代公司出现了所有权与控制权分离的现象，公司的实际管理权掌握在职业经理人控制集团手中。[①] 这一现象后来被称作"经理革命"，并因此产生了委托代理关系。委托代理关系指的是委托方将自己的事务委托给代理方处理，并在双方之间建立起一种包含责任、权力和利益的关系。

委托代理理论阐释了随着生产力的快速发展和生产规模的不断扩大，委托代理关系如何形成的过程。这一关系的产生，源于生产力的大幅提升进一步推动了社会分工的发展。由于委托人（即公司所有人）受到自身知识、能力和精力等方面的限制，他们往往选择放弃直接经营的权利。同时，专业化分工催生了一群拥有专业知识、足够的精力和能力的代理人，他们根据实际情况选择科学的管理办法，妥善行使被委托的权利。然而，在委托代理关系中，由于委托人和代理人的效用函数不同——委托人追求的是财富最大化，而代理人追求的是工资、津贴、奢侈消费和闲暇时间最大化，这使得双方之间产生了利益矛盾。[②] 在缺乏有效制度约束的情况下，代理人的行为可能会损害委托人的利益。

委托代理理论的本质是非对称信息博弈论。非对称信息是指在博弈过程中，各参与者拥有不同的信息渠道和数量，因此掌握着其他参与者不了解的信息。这导致了信息优势方（即代理人）和信息劣势方（即委托人）之间产生信息差，形成了不对称信息关系。产生委托代理关系的两个基本条件是：市场中有两个及两个以上的独立的个体，在一定约束的情况下追求利益最大化；委托人和代理人都需要面对风险和不确定性，他们掌握的信息是不对称的。[③] 这种信息的不对称性会影响代理人的选择，甚至产生道

---

① 伯利，米恩斯. 现代公司与私有财产 [M]. 甘华鸣，罗锐韧，蔡如海，译. 北京：商务印书馆，2005：12-21.

② 魏江，邬爱其. 战略管理 [M]. 北京：机械工业出版社，2018：34.

③ 后小仙. 政府投资项目利益相关者共同治理模式研究 [M]. 北京：经济科学出版社，2011：45.

德风险问题。委托代理理论认为应该设计一种激励相容的信息机制，从而缩小委托代理关系中的信息不对称。因此，委托人需要制定满足自身利益最大化且符合代理人目标的合同契约，这便形成了内部控制的初始状态。

关于内部控制的起源原理，学者们众说纷纭。结合上文对内部控制概念的界定以及内部控制基本理论的分析，本书将委托代理理论作为内部控制的理论基础。内部控制作为组织的自我管理架构，广泛应用于不同类型的组织中。无论是企业管理还是高校管理，在其管理过程中都存在多重委托代理关系，这带来了代理成本的问题。企业和高校需要建立一种管理机制，一方面减少代理成本，另一方面平衡内部利益相关者的利益。内部控制便是为了促进企业和高校内部权力制衡有效运作而产生的一种管理机制。

三、高校财务内部控制的定义

《行政事业单位内部控制规范（试行）》（财会〔2012〕21号，以下简称《内控规范》）明确指出："行政事业单位内部控制是指通过制定制度、实施措施和执行程序，实现对行政事业单位经济活动风险的防范和管控，包括对其预算管理、收支管理、政府采购管理、资产管理、建设项目管理以及合同管理等主要经济活动的风险控制。"

《教育部直属高校经济活动内部控制指南（试行）》（教财厅〔2016〕2号，以下简称《高校内控指南》）也明确指出："高校内部控制是学校为实现办学目标，通过制定制度、实施措施和执行程序，对经济活动的风险进行防范和管控。"

基于内部控制的概念和理论发展，以及我国法律法规对内部控制的界定，本书将高校内部控制定义为：高校为了保证组织运行的合法合规性，提高资源的合理配置，维护资产的安全完整，确保信息的真实可靠，防范和规避风险，提高公共服务的效果和效率而采取的一系列控制措施、方法和程序。[①]

① 陈竹.高校内部控制分析与设计［M］.北京：兵器工业出版社，2005：72.

第二节　高校财务内部控制的必然性

高等教育的发展有效推动了国家科教兴国战略、人才强国战略和可持续发展战略的实施。自中华人民共和国成立以来，我国的高校教育发展经历了不断壮大、逐渐强大的非凡历程，具体体现在办学规模的扩大、教育质量的提升以及服务社会能力的增强。我国正持续加大推动高等教育管理体系和管理能力现代化的力度，不断优化高等教育治理结构，提高治理效率，并已取得世界瞩目的成绩。

一、高校属性

高校不同于一般的行政事业单位。作为为国家提供高等教育服务的公益性机构，高校承担着培养人才、科学研究、社会服务、传承创新文化以及促进国际交流合作的重要职能。因此，高校的属性是由其发展目标、承载的职能及其具有的权利共同决定的。

（一）高校发展目的：实现公共利益

《中华人民共和国教育法》第八条规定，教育活动必须符合国家和社会公共利益。《中华人民共和国高等教育法》（以下简称《高等教育法》）第二十四条进一步规定，设立高等学校应当符合国家高等教育发展规划，符合国家利益和社会公共利益，不以营利为目的。由此可见，高校所从事的教育事业属于公共事业。高校的设立目的不在于营利，而在于实现公共利益。[①]

---

① 祁占勇.现代大学制度基本特征的法律透视［J］.国家教育行政学院学报，2011（4）：17-21.

（二）高校主要职能：提供教育公共服务

教育是国家职能的重要组成部分，而高校提供的高等教育和进行的学术研究，不仅能够提高国民的整体文化水平，还能促进国家文化实力的提升和科技进步。因此，国家通过建立高等学校并向公民提供教育服务，其所行使的权利属于公共权利，这是履行公共服务职能的一种形式。联合国教科文组织（UNESCO）在1995年发布的《关于高等教育的变革与发展的政策性文件》中明确指出，过度要求高等教育机构参与商业化活动是有风险的，因为社会期望所有真正的高等教育机构，不论其所有制形式如何，都能履行其作为公共服务的主要职能。[①]据此，高等教育的根本性质是"公共服务"。

（三）高校权利：履行公共职能的公权力主体

高校在实现公共利益和提供公共服务方面的行为，体现了它们作为执行特定公共职能的社会组织的角色。在履行这些职能时，它们所行使的权利属于公共权利的范畴。观察世界上多数国家的情况，公立大学通常承担着一定的公共职能，并拥有一定的行政权力。例如，在法国，公立高等学校被定义为"公立公益机构"，能在特定领域内提供一种或多种专门的公共服务，并作为具有法人资格的公共行政机构，承担公共管理职能。在德国，公立学校被分类为"公营造物"，即由行政主体控制，通过人力和物力手段持续为特定公共目的服务的实体。而在英国，公立学校被视为公共机构，属于行政法范畴，并享有相应的行政权能。

我国《高等教育法》规定，高等学校自批准成立之日起即具有法人资格。由此可知，我国高校是国家以培养专门人才、开展学术研究等公共利益为目的而设立的由公共财政经费维持的公立公益机构。高校的这一属性决定了其内部控制与企业、其他行政事业单位有着明显区别。

目前，我国已经基本建立起了包括《内控规范》《财政部关于全面推进行政事业单位内部控制建设的指导意见》（财会〔2015〕24号，以下简称

---

① 孔建益，顾杰.科学规划与新时期高等教育教学改革探索［M］.武汉：湖北人民出版社，2011：57.

《内控指导意见》)、《行政事业单位内部控制报告管理制度（试行）》（财会〔2017〕1号）、《高校内控指南》等在内的内部控制制度体系。[①]

二、高校加强内部控制体系建设的影响

市场经济和知识经济的兴起对高等教育的发展带来了前所未有的挑战，同时也激发了公众对高等教育的关注和深刻思考。过去十几年中，高校教育体制的改革对高校的发展产生了重大而深远的影响。例如，高校资金来源的多元化以及高校毕业生分配制度的改革等。这些改革旨在使高校在办学方针、发展目标、组织结构、管理模式、运行机制等方面更好地适应市场经济和知识经济的新要求。当前，我们需要进一步深入研究政府与高校的关系、社会与高校的关系以及高校内部领导与教授的关系；提高高等教育的内部管理水平和解决管理效率低下的问题；改善高校对外部环境的适应能力，增强学校的市场竞争力。

面对新的挑战，高校建立和完善内部控制体系虽具有必要性，但同时面临着诸多挑战。高校通过规范内部管理、程序和制度，不仅可以提高管理水平和管理效率，还可以增强市场竞争力和适应风险的能力。内部控制是确保高校实现高效管理和办学目标的有效手段。从内部控制对高校发展的重要性来看，此举具有必要性。然而，由于高校内部控制的建立和完善受到外部环境因素和内部管理机制的影响，因此，高校内部控制的挑战体现在内外部环境的不断变化和复杂性上。

（一）会计职能的拓展升级对内部控制提出更高要求

长期以来，高校的会计工作主要侧重于会计核算，主要向上级部门、外部单位或个人提供并解读历史会计数据，较多地考虑了政府管理者、外部审计和社会公众对会计信息的需求，在利用会计信息参与内部管理决策、强化风险控制等方面的应用则相对较少。随着信息技术的进步和普及，虽

---

① 夏莉.高校内部控制建设存在的问题与提升路径［J］.当代会计，2019（16）：155-156.

然高校会计信息化逐渐深入，但是许多高校仍停留在搭建信息化操作平台以处理日常业务操作的阶段，实现了部门内部的数据存储和分析，却未能实现部门间数据的传递和整合，缺乏数据中台的建设和应用，无法满足管理层对数据综合统计分析的高时效需求。目前，数据汇总大部分仍依赖人工操作，数据的准确性难以得到有效保障，数据应用的效能也大幅减弱，难以向管理层提供及时、全面的管理信息。

随着数字化时代的到来和新技术的不断涌现，为管理会计信息化建设带来了新的机遇和前景。《会计改革与发展"十四五"规划纲要》（简称《规划纲要》）提出以数字化技术为基础，推动会计审计工作的数字化转型。这要求我们进一步完善内部控制信息化的配套建设，以适应新技术的影响，推动内部控制制度的有效执行，充分发挥内部控制在支持管理决策、风险控制等职能上的作用，促进会计工作的转型和升级。

（二）信息科学的发展为高校内部控制建设提供技术支持

在 21 世纪，随着科学技术的飞速发展和产业结构的不断革新，大量新兴的信息技术如大数据、人工智能、移动互联网、云计算、物联网和区块链等得到了广泛应用。这些技术不仅深刻改变了人们的生产生活方式，也促进了社会经济的高效化、先进化和环保化。自 2012 年起，为了规范和促进内部控制信息化的建设，国家出台了一系列相关文件。例如，2012 年 11 月，财政部发布《行政事业单位内部控制规范（试行）》，明确指出各行政事业单位应运用现代信息技术手段，加强内部控制信息化的建设，将各项活动的主要流程和关键环节整合纳入综合信息管理平台中，以减少或消除人为操作因素，有效控制业务活动及相关事项的风险和过程。

《中华人民共和国国民经济和社会发展第十四个五年规划和 2035 年远景目标纲要》提出，推进网络强国建设，加快建设数字经济、数字社会、数字政府，以数字化转型整体驱动生产方式、生活方式和治理方式变革。这表明，全方位、全覆盖的数字化建设已经全面启动，并将深刻影响社会工作和生活的各个方面。《会计改革与发展"十四五"规划纲要》特别强调"推动行政事业单位借助信息化手段确保内部控制制度有效实施"，并要求加强会计数据标准体系建设，完善业务全流程数据的收集、治理、分析和利用机制，探索建立跨平台、结构化的会计数据共享机制，运用会计管理大数据，为提升国家治理体系和治理能力现代化提供数据支持。[①]

随着国家对高校教育科研经费投入的增加，高等教育体系不断完善，高校对财务的有效管理、整合和分配，以及提高财务使用效率的需求变得更加迫切。同时，各级政府部门也在加强基层治理，其中重要的一环就是加强监管监督财务管理，如高校的预算、核算、决算等财务活动。财务管理与财政管理的紧密联系对高校内部控制建设的信息化、智能化、精准化、便捷化提出了更高的要求。因此，高校需要不断建设和完善在信息技术影响下的内部控制信息配套设施，利用信息化手段将高校内部控制的各项措施纳入信息系统中，以促进内部控制规范的有效实施，并不断提高高校内部控制的水平。

三、高校内部控制的目标

《内控规范》明确了行政事业单位内部控制的目的是合理确保单位的经济活动合法合规、资产安全和使用有效、财务信息真实完整，有效防范舞弊和腐败，并提升公共服务的效率和效果。《高校内控指南》则明确了高校内部控制的目标，主要是保证学校经济活动合法合规、资产安全和使用有效、财务信息真实完整，有效防范舞弊和腐败，提高资源配置和使用效益。[②]

笔者仔细研究《内控规范》和《高校内部控制指南》中的表述后，发现了一些共同存在的局限性。一是这些规范过于聚焦于高校的经济活动，而忽略了其他非经济活动在内部控制中的重要作用。二是对于高校信息系统内容的规范不够全面，虽然强调了信息的真实性和完整性，但对其他信息质量的要求并未明确提出。随着国家对高校管理要求的日益提高，高校内部控制的目标需求也需更加全面和细致。因此，高校内部控制目标应涵盖合法性、安全性、规范性、准确性等多个方面。

① 管理会计研究."布局中国数字化会计"特刊［J］.管理会计研究，2022（2）：6-7.
② 周文青.论我国高校财务安全性内部控制体系的构建［J］.上海理工大学学报（社会科学版），2013，35（4）：360-363.

（一）合法性目标

高校建立内部控制体系的核心目标，是遵循国家法律法规，并有效贯彻和执行上级行政主管部门的政策规定以及高校内部规章制度，以确保高校的财务活动及各项业务活动都具备合法性、合理性和合规性。国家制定和发布了一系列法律法规政策，旨在强化宏观经济管理，高校必须严格遵守，确保每一项业务活动都符合国家的法律法规和政策要求。同时，高校在制定自身的发展战略、目标和管理制度时，也必须以遵守国家规定和行政主管部门的规章制度为前提。内部控制通过梳理和规范各级法律法规和规章制度，从制度建设上满足合法合规要求，为内部控制的有效性奠定基础。

（二）管理规范化

高校作为教育机构，其核心任务是教学、科研和社会服务。为实现这些目标，高校建立了内部控制体系，旨在营造良好的组织环境，实现科学的管理与决策。通过明确职责、增强信息流通、提高协作效率、确保信息透明、及时评估管理风险、调整战略等手段，内部控制有助于实现组织目标，规范人员行为，提高管理效率。同时，内部控制体系还能够监督控制过程，及时纠正偏差，减少浪费，防止腐败。因此，从高校的实际情况出发，通过建立内部控制体系实现规范化管理，提升组织绩效，建立制度信任，是高校内部控制的重要目标之一。通过有效的内部控制，高校能够更有效地组织教学和科研活动，节约资源，发挥最大社会效用，为社会培养更多优秀人才，提供更优质的科技知识服务。

（三）资产安全性

高校资产的安全与完整是开展教学、科研和社会服务活动，以及履行其行政职责的基础，对于维护高校正常运行至关重要。通过建立完善的内部控制体系，高校能够确保资产使用的合法合规性，填补资金管理中的漏洞，消除管理上的隐患，预防并及时发现、纠正欺诈和舞弊行为，保障资产和资金的安全完整，并提高资产的使用效率。这包括实现财务的规范化管理，确保资金使用在严格控制之下，防止因盗窃、浪费、低效或不当决策导致的财产损失，并确保资产的使用效果达到预期目标。同时，内部控制体系还能通过制度制约实现管理上的科学性，提升风险防范能力，防止资产流失，并确保资产变动在财务报表中得到如实反映，保障财务信息的真实性和准确性。例如，2020 年财政部发布的《项目支出绩效评价管理办法》就对资产使用提出了明确要求。

（四）纠错前瞻性

高校通过运用科学的内部控制原理和方法，将制衡机制、不相容岗位分离、信息公开、内部监督等方法和措施融入业务流程和内部管理制度中，构建一套科学的决策、执行和监督机制，确保教学和行政管理目标的顺利实现，同时减少决策失误，实现防患于未然的控制理念。这一体系通过事前、事中、事后的全面控制，对潜在问题环节进行规范、制约和监督，及时发现并弥补管理上的不足，减少管理偏差。纠错前瞻性目标旨在通过内部控制加强对权力的监督，对管理行为的各个环节进行牵制，从而杜绝舞弊和腐败的产生。鉴于高校掌握着大量的社会公共资源，将遏制舞弊和腐败行为作为内部控制的重要目标之一，不仅有助于确保高校资源的有效管理和利用，还能维护学校的声誉，提升社会公信力。

（五）信息准确性

通过建立内部控制体系，高校能够确保财务信息的真实性、可靠性和及时性，进而提高财务信息的质量。这一体系有助于各级管理层及时获取准确的财务资料和信息，为正确决策提供有力支持。信息准确性要求内部控制能够确保管理者获得真实、可靠、完整的信息资料，包括但不限于财务信息，以提升高校的透明度和公信力。随着科技的发展和信息时代的到来，高校拥有了先进的网络技术支持，多数高校已建立了包括财务信息系统在内的管理信息系统。通过内部控制系统，高校能够确保各项活动信息的真实性和完整性。

　　高等学校的内部控制目标不仅涵盖确保财务活动的合法合规、管理规范性、资产安全性、纠错前瞻性和信息真实完整性，还需有效防范舞弊和腐败行为，以及不断提高公共服务的效率和效果（见图3.1）。作为非营利机构，高校的主要价值在于提升竞争力、培养优秀人才和建立社会声誉。尽管不以利润最大化为目标，但高校仍需有效利用资源，最大限度地服务于师生，提高师生的满意度，以实现社会效益的最大化。因此，提高公共服务的效率和效果是高校内部控制的关键目标之一。

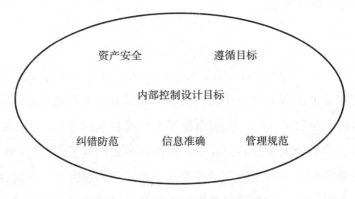

图3.1　高校内部控制设计的目标

四、高校内部控制的原则

　　内部控制的原则是高校在建立和实施内部控制过程中必须遵循的基本要求。在内部控制原则的指导下，高校应当根据自己的实际情况，开展内部控制建设并组织实施，以合理保证实现高校内部控制目标。《内控规范》提出行政事业单位建立与实施内部控制，应当遵循全面性原则、重要性原则、制衡性原则、适应性原则。①

① 张友昌，杜庆贤.关于《事业单位财务规则》修订的几点建议［J］.财务与会计，2019（20）：40-42.

（一）全面性原则

内部控制是一个全面控制经济的整体，由于内部控制程序的任何环节的缺失都可能导致整个控制体系的失效，所以需要从业务发生的初始环节开始梳理业务部门实施的全部流程。贯彻全面性原则以确保高校管理经营活动的有序进行，高校的内部控制活动应贯穿于学校单位层面和业务层面的所有活动，覆盖决策层、管理层、作业层等各个层级；涵盖经济业务和管理活动的全部业务，包括决策、执行和监督的全过程，以避免内部控制体系的漏洞和空白。全面性原则要求内部控制在层次上覆盖学校所有层级的人员。

（二）重要性原则

高校内部控制在确保全面性的同时，应重视事项的重要性，聚焦管理对学校具有显著影响的关键事务与活动。基于重要性原则，需要对业务流程中的核心控制节点与关键岗位施加额外的保护措施。这些关键控制节点是业务流程中易出现缺陷且错误发生时可能对高校造成严重损害的高风险区域，例如来自政治、经济、文化等方面的外部风险以及战略、财务和业务操作上的风险，并对重要业务、事项、高风险领域和高风险环节实施严格的控制措施。[①]虽然内部控制无法覆盖所有风险，但是它必须聚焦于关键业务和高风险领域，以履行其教育使命为核心，识别关键风险点，并制定相应的控制策略，以预防可能对高校产生破坏性影响的风险。

（三）制衡性原则

制衡性原则涉及横向和纵向两个维度，即机构与业务流程两方面的制衡。高校需确保其各项工作由相对独立的部门或人员共同完成，内部机构、岗位和人员的配置合理，职责权限划分恰当，坚持不相容职务分离，以实

---

① 方周文，张庆龙，聂兴凯 . 行政事业单位内部控制规范实施指南（修订版）［M］. 上海：立信会计出版社，2017：63.

现不同机构和岗位间的相互制约与监督。通过在业务流程中设置不同职能的岗位，形成稽核或监督关系，可预防出现错误和欺诈行为，平衡业务流程。①同时，确保无人能超越内部控制的特权。尽管制衡性原则可能导致效率降低，但其价值不容忽视。

（四）适应性原则

内部控制应契合国家的规定和学校的实际情况，并适应外部环境的变化、经济活动的变动以及管理标准的不断提升和优化，进行相应的调整和完善。其设计应基于权变理论，制定出适合高校自身发展目标、组织结构、组织文化等因素的内部控制体系。该体系应是一个动态调整的制度系统，要求内部控制体系具备预见性，并随着国家法规、政策、制度的更新以及高校内部业务职能的调整和管理层需求的演变，及时进行调整和优化，旨在提高高校管理质量，实现服务于高校组织的目标。只有构建起与高校组织特性和内外部环境相适应的内控体系，才能达到预期的控制效果。

高校在执行内部控制时，同样遵循全面性、重要性、制衡性、适应性四大基本原则。然而，与企业相比，高校更加注重内部控制在管理过程中所发挥的制衡与监督作用，更强调管理过程中对风险的有效控制。

第三节　高校财务内部控制环境分析

内部控制环境直接或间接地塑造了人们对内部控制的理解和态度，是高校内部控制建设的重要基石。高校管理者必须充分重视并持续优化控制环境，以确保内部控制机制的有效实施。

---

① 贺志东，王节.最新内部控制管理操作实务全案［M］.北京：电子工业出版社，2018：43.

一、高校内部控制环境的概念

内部环境是实施内部控制的基础，一般包括治理结构、机构设置及权责分配、内部审计、人力资源政策、环境文化等。[①]内部环境作为内部控制体系的核心要素之一，不仅是制定和实施内部控制制度的基石，更是内部控制得以存在和发挥其应有作用的重要土壤。环境质量的优劣直接决定了其他控制因素能否充分发挥其效用。

高校内部控制旨在在高校内部构建一系列具有控制职能的方法、措施和程序，从而形成一个严密且相对完整的体系。本书基于《企业内部控制基本规范》对内部环境的阐述，认为高校内部控制环境的构成要素主要体现在高校组织治理结构与权责分配、人力资源政策和内部审计三方面。[②]

二、高校内部控制环境可能存在的风险

根据内部控制环境的概念，结合当前高校的发展情况，高校内部控制环境可能存在的风险主要包括以下几个方面。

第一，发展规划不明确。如果高校在发展过程中缺乏明确的发展目标，将导致学校发展缺乏方向性和动力。这可能导致在项目投资时，资源分配不合理，造成资源浪费或资源不足，进而影响高校的发展进程。在市场经济中，高校作为独立的经济个体，若发展进程缓慢，将缺乏竞争优势，可能错失发展机遇。此外，发展规划不明确也将导致高校内部控制体系无法有效实施，进而影响内部控制的效果。

第二，治理结构不完善。高校治理结构不完善可能导致决策过程冗长、管理效率低下，进而影响高校的发展速度。权力过于集中可能使高校内部缺乏有效的监督和制衡机制，增加贪腐行为的风险。权责结构不明晰将使得问题出现时归责困难，难以及时发现和处理问题。此外，高校内部控制需要各部门之间的有力配合，若治理结构不完善，内部沟通不畅，信息传

① 中华人民共和国财政部.企业内部控制基本规范［M］.上海：立信会计出版社有限公司，2024：1-10.

② 郑洪涛，张颖.企业内部控制学（第3版）［M］.沈阳：东北财经大学出版社，2015：48.

递受阻，将影响决策的准确性和执行的有效性，进而影响高校响应和适应市场经济及知识经济的速度。

第三，信息系统建设不足。由于建设信息系统需要投入大量资金，如硬件设备、软件开发、维护升级等，如果高校在预算分配中忽视对信息系统的投入，将影响信息系统的建设和升级。信息技术的快速发展要求高校具备足够的技术人才和专业技术能力，若内部缺乏这些能力，需要依赖外部服务供应商的帮助，可能增加投入成本并影响系统质量。此外，高校内部可能存在多个信息系统，若系统间缺乏集成和共享能力，将形成信息孤岛，影响信息的流动速度和利用率。同时，若缺乏足够的数据安全和隐私保护措施，系统将面临数据泄露、篡改或被滥用的风险，影响学校的安全和声誉。

第四，单位内部历史文化遗留问题。高校在长期发展过程中形成的整体价值观、行为模式和思维习惯可能构成内部控制环境的风险。传统的管理模式和思维方式可能阻碍高校的创新和改革，导致内部控制体系无法适应现代管理需求。若高校缺乏适应外部环境变化和内部管理需求的文化氛围，将难以建立和实施有效的内部控制体系。

第五，外部环境变化。政府针对高校教育的政策调整或新法律法规的颁布可能对高校运营产生重大影响。高校需要及时适应和应对这些变化，以规避风险。同时，市场经济和知识经济的不断发展加剧了高校的市场竞争，要求高校调整发展战略和改变教学模式以保持竞争力。社会对高校期望值的提高要求高校不断提高教育质量和科研水平以满足社会需求。新兴技术如人工智能、大数据等的发展对高校的教育模式、管理方式等带来挑战，需要高校及时更新技术基础设施和教学方法。此外，经济波动可能影响高校的财政收入和投资环境，进而影响其内部控制的有效性。

三、高校控制环境需要采取的相应措施

（一）合法合规制定总体规划

高校的总体规划是学校发展的顶层设计，学校应该依照党的教育方针和国家的教育布局，结合学校实际情况，认真制定自身的总体规划。[①]

第一，制定长远的发展规划。发展规划是高校在综合评估当前形势，进行科学预测未来趋势的基础上，根据学校自身定位制定的长期发展蓝图和实施计划。高校应充分考虑自身的专业特色、人才资源和地理位置等优势，明确长远的发展目标。例如，《国家中长期教育改革和发展规划纲要（2010—2020年）》为高校提供了参考框架，高校可据此制定自身的发展规划（2010—2020年）。

第二，设立专业的规划部门。高校应设立或指定专门机构负责制定和执行发展规划，并明确这些机构的职责、议事规则和岗位要求。规划部门的负责人应具备了解国家教育政策、掌握高校教学规律、洞悉本校实际情况以及宏观思考的能力。

第三，深入调查研究。高校在制定发展规划时，应基于深入的调查研究、科学的分析预测以及广泛的意见征求，明确每个发展阶段的具体目标、任务和实施路径。以广东医科大学为例，其愿景是建设"人民满意""建设特色鲜明"的医科院校[②]，因此其发展规划应紧密围绕"特色鲜明"和"人民满意"两个核心要素展开。

第四，规范履行审批手续。学校的发展规划方案需经过法定程序的批准，通常包括专家论证、校务委员会讨论、校长办公会审议、党委会决策以及教职工代表大会的意见征集等环节。在广东省，省属公办高校的发展

---

① 邵积荣.高校经济活动内部控制研究［M］.广州：羊城晚报出版社，2017：53.

② 广东医科大学.广东医科大学章程［EB/OL］.（2020-05-25）［2024-05-11］.https://www.gdmu.edu.cn/info/1160/10212.htm.

规划还需报送省教育厅审批，并获得教育厅的批准后方可正式实施。

第五，全程监控实施情况。高校在制定发展规划后，应依据规划编制年度工作计划，并建立完善的实施保障制度，确保发展规划的顺利执行。同时，规划管理部门应加强监控，定期收集和分析相关信息，及时报告发展规划执行中出现的偏差，并采取相应措施进行纠正。在必要时，应按照规定的权限和程序调整发展规划，确保其持续有效。

（二）设立科学的组织架构

高校的组织架构设立需遵循国家的相关法律法规、大学章程，并紧密结合高校的实际发展情况。组织架构是高校运作的基本框架，涵盖组织机构和岗位设置，旨在设置高校内部各级机构、合理分配权责、细化工作流程以及明确相关要求。

第一，领导需重视组织架构的搭建。高校校党委书记需依据国家的政策方针和相关规定，与校长共同研究并决策高校经济活动中的重大事项，承担起管理学校内部控制工作的职责。同时，校长也应在自身权责范围内，对学校经济活动作出决策。无论是党委领导还是院校管理者，都应坚守岗位，对自己的工作负责，积极推动其职责范围内的内部控制工作。

第二，设立专门的内部控制部门或确定牵头部门。高校的内部控制工作，应设立专门的内部控制部门或确定已有部门为牵头部门，负责协调各部门之间的内部控制工作。通常，高校会选择财务部门作为内部控制的牵头部门，负责协调内部控制的各项工作。

第三，全面审视评估内部结构。在构建高校组织结构时，应坚持科学、高效、公正、制衡的原则，并充分考虑本校的发展目标、管理特色和学校文化等因素。高校应全面审视组织结构，明确界定职责权限、制定任职条件、规范工作准则和流程，以避免职责重复、缺失或权责过于集中的问题，确保组织结构的合理性和运行效率。

第四，明确权责关系。高校应坚持内部控制的总体要求，明确各岗位之间的权限和制衡关系，确保不相容岗位相互分离，如审批与执行、执行与监督、可行性研究与监测审批等，以实现部门之间的相互牵制。例如，在二级学院采购办公用品时，应避免由一人负责多个环节，而应交由不同人员分别负责采购、验收、使用和报账审批等环节，最后由院长确认货物质量、数量和价格合理后，负责报账签批。

第五，规范业务流程。为了更有效地促进教职人员执行内部控制，高校应绘制组织结构图、业务流程图，并制定岗位职责和权限引导等管理制度和文件。此外，高校可以将相关的业务流程和文件进行数字化管理，上传至校园网，便于教职人员随时查阅具体流程和所需材料清单，从而促进高校内部控制事务的有序运行。

（三）建立健全的运行机制

高校完整健全的运行机制是确保内部控制工作顺畅运行的基础，也是实现高校内部控制目标的基石。该运行机制主要包括决策机制、执行机制、协同机制和监督机制等内容。高校可以通过以下措施建立健全高校内部控制的运行机制。[①]

第一，实施集体决策审批联签制。高校在涉及重大经济项目投资或制定重要经济决策时，应严格遵循集体领导和民主决策的原则，实行集体决策审批或联签制度。此举旨在防止个人权力的滥用，减少决策失误，提高工作效率，并增强风险管理能力。高校应根据上级文件精神和自身实际，制定具体措施落实"三重一大"[②]规定，明确界定重大经济决策、事项和大额资金支付的标准或内容。相关部门和人员应参与集体决策，体现决策的民主性，提高教职人员对决策的接受程度和执行力。在集体决策过程中，相关人员应分享信息，集思广益，以更全面地了解事项细节，使决策考虑更为周全，从而提高决策效率和质量。为确保集体决策审批联签制的高效、公正、透明，高校应明确工作流程和责任分配，确保参与人员平等享有发表意见的权利，并规范决策流程以提高效率。

第二，实现分权控制和管理细化。分权控制和管理细化是高校内部控

---

① 张庆龙.高校内部控制建设实施操作指南［M］.北京：经济科学出版社，2018：67.
② "三重一大"最早源于1996年第十四届中央纪委第六次全会公报，具体内容为：重大事项政策、重要干部任免、重大项目投资决策、大额资金使用。

制运行机制的重要特点之一。通过分权，将权力分散到不同的管理层级和部门，明确各层次和部门的责任和权限，可以更快地响应和处理决策，提高决策效率。同时，分权也有助于将风险分散到各个部门，降低风险，并发挥各部门专业人员在财务、基建、科研、政府采购、资产管理、合同管理等领域与经济活动相关的作用，提高决策的科学性和准确性。为确保分权的合理性和有效性，高校应建立和完善相关制度和规程，并对各层级和部门的决策进行监督和评价。同时，也要避免权力过于分散导致的协调困难和决策冲突问题。

第三，强化监督与控制。在高校内部控制过程中，审计和纪检监察机关应发挥重要作用，对内部控制运行机制进行客观、细致的评价和监督。通过及时觉察、识别和改善内部控制运行机制中的风险和短板，确保内部控制体系的有效运行。高校监督部门应积极开展宣传教育，强调监控和预防风险的重要性，并解释纪委"三转"即"转职能、转方式、转作风"的意义和目的。同时，内部审计部门应创新审计方法，推动内部控制机制的完善，扩大审计监督范围，消除审计盲点。

（四）做好关键岗位人员的教育管理工作

高校财务经济活动涉及的重要岗位包括预算业务管理、收支业务管理、采购业务管理、项目投资业务管理、资产管理、合同管理以及内部监督。[①]这些业务活动在高校财务内部控制中扮演重要的角色。因此，对这些岗位人员的选拔、招聘及后续教育管理需确保公正、透明，并设立专业课程以提升他们的专业知识和职业道德素养，从而确保高校内部控制的有效性。

第一，岗位设置与工作职责需精准匹配。高校在选拔和招聘关键岗位人员时，应深入了解岗位的工作职责，明确界定工作人员的权限，并清晰规定所需的专业能力水平和职业素养，以此确定关键岗位与工作任务相契合。关键岗位人员需要竞争上岗，招聘原则是德才兼备，先德后才，通过

---

① 教育部办公厅.教育部直属高校经济活动内部控制指南（试行）[EB/OL].（2016-04-20）[2024-05-16].https://cwc.cumtb.edu.cn/__local/5/95/3E/4724702EA8A3C1EC58ABF2E8650_BE283C37_102262.pdf.

公平、公正、公开、透明的选拔程序，确保选拔出与岗位职责最为匹配的人才。

第二，定期开展专业培训。加强关键岗位人员的培训是高校管理工作的重要环节。高校应根据岗位的具体需求和发展战略方向，提前制定培训目标及内容，以确保关键岗位人员的能力提升与高校发展需求相匹配。可运用如ADDIE模型（一套有系统地发展教学的方法）等科学方式，制定系统的培训步骤和内容，为培训提供清晰的思路和严密的执行方案。同时，针对不同岗位的特点，定期组织财会、审计、工程及招投标等领域的人员参加职业道德教育和专业知识培训，并进行业务考核，以提升关键岗位人员的职业道德水平、专业技能和综合工作能力。

第三，完善考核与奖惩机制。针对不同岗位的不同职责内容，设立合理、具体的业务目标，并定期评估关键岗位人员的履职情况，依据评估结果给予相应的奖惩。一方面，保障关键岗位工作的有效执行；另一方面，使关键岗位具有灵活性，调动工作人员的积极性。此外，完善定期轮岗制度和关键岗位退出机制。学校根据实际的岗位情况，确定轮岗的周期和方式，确保有效实施机制。高校内部控制关键岗位人员在离职前，应按照相关法律法规和单位规定进行工作交接和离任审计。

第四节　高校财务内部控制风险评估与控制策略

一、风险的定义与特点

在我国，2006年国资委发布的《中央企业全面风险管理指引》（国资发改革〔2006〕108号）中，将企业风险定义为未来不确定性对企业实现其业务目标可能产生的影响。该指引同时指出，风险可以根据是否能为企业带来利益分为纯风险和机会风险。简而言之，对企业而言，风险既包含可能造成的损失，也包含可能带来的机会。

（一）风险的定义

风险的概念最初由西方古典经济学派提出，并在 19 世纪被正式引入。美国经济学家海恩斯（Haynes）在 1895 年的经济学著作《风险作为一种经济因素》（原名为《Risk as an Economic Factor》）中，首次对风险进行了系统的阐述。海恩斯指出，风险在经济学和其他学术领域中虽无统一定义，但主要指的是损害或损失发生的可能性。他认为，风险的本质特征在于其偶然性，即某种行为是否会产生有害后果，取决于其不确定性。如果某种行为具有不确定性，那么该行为就涉及了风险。①

奈特（Knight）在 1921 年将风险定义为"可测定的不确定性"，而将"不可测定的不确定性"视为真正意义上的不确定性。威廉姆斯和汉斯（Williams and Heins）在 1964 年的著作中认为，风险是指在特定时间和空间下，由于各种因素可能导致的结果与预期结果之间的差异。而《新帕尔格雷夫经济学大辞典》（原名为《The New PalGrave A Dictionary of Economics》）对风险的描述是："风险现象，即不确定性和不完全信息的现象，在经济生活中普遍存在。"②

莫布雷和布兰查德在 1969 年出版的《风险管理与保险》（原名为《Risk Management and Insurance》）一书中，将风险分为两类：纯粹风险和投机性风险。纯粹风险只涉及损失而不包含收益的可能性，而投机性风险则可能带来收益，也可能导致损失。1983 年，日本学者武井勋在其著作《风险理论》中，对风险的概念进行了新的阐述，他认为风险是特定环境和特定时间内自然存在的可能导致经济损失的变化，包含三个要素：风险与不确定性有区别；风险是客观存在的；风险可以被量化。③

全美反舞弊性财务报告委员会（COSO）在其早期提出的全面风险管理框架（ERM）中，将风险定义为企业可能面临的对其实现战略和业务目标产生不利影响的因素。COSO-ERM（2017）框架进一步将风险定义为事件

① HAYNES J. Risk as an economic factor [J]. The Quarterly Journal of Economic, 1895, 9 (4): 409-449.

② NEWMAN P, MILGATE M, EATWELL J. The New PalGrave A Dictionary of Economics [M]. New York: Palgrave Macmillan, 1987: 56.

③ 李思慕. 多元化战略下企业的财务风险评估模型研究 [J]. 商业 2.0, 2023 (17): 22-24.

发生的可能性及其对企业实现战略和业务目标的影响程度。

截至目前，对风险的定义在国内外尚未达成一致。总体而言，风险可以狭义地被定义为损失发生的可能性，而广义上则指预期结果的不确定性。当某个事情或活动无法准确预测其收益和损失时，这种不确定性导致预期结果的波动，即为风险。这种风险不仅涵盖负面效应的不确定性，也包含正面效应的不确定性。

随着概率理论和统计学的进步，一些学者开始用统计学的视角来定义风险，认为风险是实际结果与预期结果之间的偏差，或者说是实际结果偏离预期结果的概率。这两种定义都强调了风险的客观性。然而，与"客观说"相对的，心理学和社会学学者提出，风险不仅具有客观性，还具有主观性。正如"一千个读者，就有一千个哈姆雷特"，不同的人对相同的事物可能会有不同的看法，因此对于风险的认识和评估也会因个体知识、经验、能力、状态等因素的差异而产生不同。因此，综合来看，风险既由客观因素产生，也受主观因素的影响。

（二）风险的特点

1. 客观性

人类和自然界的发展历史表明，风险是一种普遍存在的社会现象，其存在并不取决于社会主体的主观意识。风险可能源于自然环境，也可能因社会环境的变化而激发。尽管风险是客观存在的，但它作为一种抽象概念，仅存在于人类的意识之中。在现实的自然和社会环境中，我们只能观察到风险所带来的影响，而无法直接目睹其演变过程。因此，我们需要正视风险的存在，以平和、积极的态度来应对风险，努力降低风险事件的发生频率，减轻其对我们生活和生产的不利影响。

2. 不确定性

风险作为一种客观现象，其产生具有不可避免性。然而，具体哪些风险会实际发生，充满了不确定性。风险是由自然环境和人类行为共同产生的不确定性因素所构成的，其成因、发生频率和破坏性都具有随机性。随着时间的推移，风险不断演变，其不规律性使得我们无法准确预知其具体发生的时间、地点以及可能对自然和社会造成的伤害。由于人类认知的局限，我们无法完全掌握风险的变化，但我们可以针对可能出现的风险结果，制定应对策略，以降低风险给社会和个体带来的潜在影响和损失。

3. 可预测性

尽管不确定性意味着我们对风险的具体发展可能知之甚少，但这并不意味着我们对风险完全束手无策。事物的发生通常有其特定的诱因，一旦识别出这些诱因，我们就能在一定程度上追踪风险的发展。风险事件在很大程度上是可重复发生的，只是影响的主体不同导致了不确定性的表象。例如，地震作为自然现象，其确切发生时间难以预测，但人类已经能够通过科学研究来谨慎预测其可能性。通过收集历史风险事件的数据，并运用科学方法分析其发生的时间、地点、规模和形式，我们仍然可以揭示出一些模式和规律，这些规律有助于我们预测和评估风险。在风险管理中，风险预测是一个至关重要的步骤，它为我们提供了规避和转移风险的决策依据。

二、风险评估的定义和程序

（一）风险评估的定义

风险评估是对风险发生可能性和潜在后果的综合性评估。它主要包括风险事件的识别、风险的定性描述、风险影响的评估以及风险应对策略的制定。风险事件是指在企业的各个业务单元、重要经营活动以及关键业务流程中可能发生的潜在风险。风险识别阶段进一步对这些风险及其特征进行定性描述，包括分析风险的概率和触发条件。随后，在风险评估阶段，确定这些风险对企业目标实现的具体影响程度和潜在损失。完成评估后，管理层基于成本效益分析和预期的风险承受度，选择最适宜的风险应对措施。在狭义上，风险评估特指对风险影响的评估这一部分。

作为内部控制系统核心要素的风险评估，其实质在于对风险的管理与控制。没有风险，内部控制也就失去了其存在的意义，因此风险评估是构建和维护有效内部控制系统的基石和核心环节。

（二）风险评估的程序

1. 目标设定

风险可能导致高校的业务活动偏离既定目标。为了纠正这些偏差并确保目标得以实现，高校需要建立并维护内部控制系统。在进行业务活动风险评估时，高校应首先明确其内部控制目标。

这些内部控制目标应当与高校的整体战略目标保持一致，同时考虑到不同业务活动的特性和需求，各自的目标也应有所侧重。在设定目标时，应综合考虑业务活动的实际情况和相互之间的关系，通过适当的程序确立控制目标，确保这些目标既支持学校的整体战略，又符合实际操作的可行性。例如，在货币资金管理方面，控制目标应包括确保资金的安全与完整、支付流程经过适当的授权与审批、银行账户的开设与关闭符合监管要求，以及资金记录、盘点和对账流程的准确性和及时性。

2. 风险识别

风险识别涉及高校通过搜集内外部信息，运用特定方法对各种不确定性因素进行整理、归纳和分析，同时对学校的管理现状和业务活动进行全面的调查。这是一个持续进行且不断更新的动态过程。

在单位层面，风险识别主要关注组织结构、机制、制度、岗位和信息系统等方面。具体内容包括：评估学校内部控制工作的组织效率，内部管理制度和制衡机制的建立与执行情况，关键岗位人员的管理状况，财务报告的编制和信息技术的使用情况等。[①]

在业务层面，风险识别侧重于分析业务流程，明确业务环节，以确保各项活动流程清晰且合理，相关岗位的职责和权限界限明确，不相容岗位得到有效分离。此外，还要评估每个环节的授权审批流程是否合理且完整，相关数据是否得到充分记录和有效管理。同时，检查内部管理制度是否全面覆盖所有管理要求，并且这些制度的执行是否有效，关键控制措施是否得到切实执行。

---

① 张晓杰，徐涛，于静霞，等.公共组织财务管理与组织治理实务［M］.北京：经济科学出版社，2015：79.

3. 风险评估

风险评估基于风险识别，采用定量和定性方法深入分析风险的概率及其对学校目标实现的影响程度，旨在为制定风险应对策略和选择适当的应对措施提供依据。其核心目的是对识别的风险进行评级，确定内部控制应优先关注和控制的关键风险点。

4. 风险应对

风险应对是在风险分析的基础上，制定针对性的风险解决方案，并通过分析、论证和评价，从中选出最佳方案并执行。风险应对策略通常包括四种。

第一种是风险规避，即风险回避，是指在面对超出承受能力的风险时，通过放弃或终止与风险相关的业务活动来避免或减轻潜在损失的策略。这种策略是最被动的风险处理方式，因为规避风险的同时，也可能放弃潜在的目标收益。[①] 通常，只有在投资主体对风险极度排斥、存在更低风险的其他替代方案、无力消除或转移风险，或者即使承担风险也无法获得足够补偿的情况下，才会采用风险回避方法。

第二种是风险降低，即损失控制，涉及在考虑成本和效益的基础上，将风险限制在可接受的水平。这包括控制风险源头以减少风险发生的机会，并建立应急措施来减轻风险可能造成的损害。

第三种是风险分担，即风险转移，涉及利用外部资源，如业务外包或购买保险，将风险转移至可承受的范畴。

第四种是风险承受，即风险保留，是指对于在可承受范围内的风险，在评估成本和效益后，选择不采取措施来降低或减轻风险的策略。

（三）风险评估方法

高校在风险评估中通常结合定性和定量方法，其中选择适当的技术来识别和评估风险是至关重要的。定性方法包括问卷调查、访谈和流程图分析，而定量方法则涵盖层次分析、集中趋势分析和风险矩阵图等。特别是

---

① 庞素琳，黎舒菡，舒迪远.城市生活垃圾处理与社会稳定风险评估研究［M］.北京：科学出版社，2014：62.

风险矩阵图法，以其简洁易行和强大的实用性，在高校风险评估中得到了广泛应用。风险矩阵图法通过识别待评估项目的所有潜在问题，并依次评估这些潜在问题发生的可能性，并将可能性等级化，例如分为高、中、低三个层次。同样，也可以按照上述方式评估潜在问题对项目影响的程度，最终通过矩阵的方式呈现分析结果。风险矩阵图法的步骤主要包括以下四步。

步骤一：风险点的评分标准。根据本单位风险控制目标、业务数量、资金规模等实际情况，制定风险点评分标准。例如，某高校根据实际情况制定了如下的风险发生可能性评分标准，如表3.1所示。

表3.1　风险发生可能性评分标准

评估方法	评估内容	风险评分				
		低（1）	较低（2）	中等（3）	较高（4）	高（5）
定性	日常活动中可能存在的潜在风险	一般情况下不会发生	极少情况下发生	某些情况下发生	较多情况下发生	时常发生
定量	大型灾难或事故	10年发生的概率不超过1次	5—10年内可能发生1次	2—5年内可能发生1次	1年内可能发生1次	1年内至少发生1次
	可通过历史数据统计出一定时期内发生风险的概率	低于10%	10%—30%	30%—70%	70%—90%	高于90%

步骤二：划分风险区域矩阵。根据本单位风险控制目标和风险承受能力，在风险地图中划分高、中、低风险区域。由于各单位风险控制目标和风险承受能力不同，风险区域的划分也会有所差异。例如，某高校根据实际情况明确左下角区域为低风险区，右上角为高风险区域，中间为中风险区域。如图3.2所示。

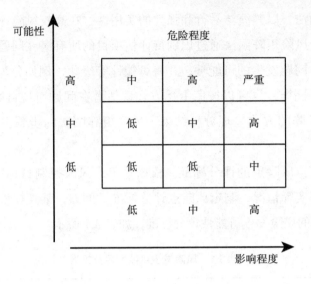

图3.2　风险区域矩阵

步骤三：对风险事项打分。分析人员按照评价标准对识别的风险事项进行评分，形成风险点评价分值。为了提高风险分析的准确性和客观性，通常由熟知单位情况的领导、部门负责人、业务骨干及内部控制与风险管理体系建设方面的专业人员等共同评价打分，采用加权平均的方式得出风险点分值。

步骤四：绘制风险地图。将本单位各风险点评价得分，按照坐标点标识方法，描绘在风险矩阵中，形成风险地图。如图 3.3 所示。

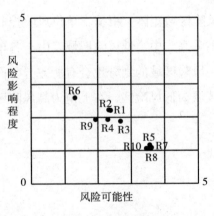

图3.3　风险地图

图 3.3 风险地图的横轴代表与项目有关的潜在问题发生的可能性，纵轴代表潜在问题对该项目的影响程度。这两个因素的相互组合覆盖了所有的可能性，得出的评价结果可以划分为四大类：如果潜在问题在"严重"板块，这表明项目风险极大，高校应在遵循成本效益原则下不惜成本阻止风险的发生；如果潜在问题在"高"板块，表明风险很大，应安排适当的人员来阻止其发生；如果潜在问题在"中"板块，表明风险处于中等水平，应设计风险处理方案来阻止其发生或尽量降低潜在问题带来的损失；如果潜在问题在"低"板块，则代表风险水平很低，高校只需做好适当的应急工作即可。根据潜在问题的严重程度不同，高校所采取的应对措施也应有所不同。

（四）风险控制

风险控制涉及风险管理者采取一系列措施和方法，旨在消除或降低风险事件发生的可能性，并减轻风险事件可能带来的损失。

1. 风险控制的要求

高校需构建定期风险评估机制，以全面、系统、客观地评估组织管理和运营中的风险。该评估应至少每年进行一次，并在外部环境、内部业务活动或管理要求发生显著变化时，及时对相关领域的风险进行重新评估。为此，高校应成立由校级领导牵头的风险评估工作小组，成员应包括财务、资产、采购、后勤、基建、审计、纪检监察等相关部门人员，以确保风险评估运行机制的有效执行。

2. 风险控制的环节

第一，组织控制。高校应明确内部控制的负责部门和职能定位，确保各部门在内部控制体系中的职责和角色清晰明确。

第二，工作机制。高校应根据决策、执行和监督的分立与制衡原则，建立健全重大事项的决策机制。同时，应科学配置机构和岗位，明确界定岗位职责、权限和权力运行流程，确保权力得到合理分配和定期轮换。责任部门应严格遵循"谁主管、谁负责"的原则，确保决策的有效执行。

第三，监督控制。高校应建立健全内部控制的监督检查和自我评价机

制

制，及时发现内部控制执行过程中存在的问题、管理漏洞和薄弱环节，以便进一步改进和加强内部控制。

3. 风险控制的方法

第一，不相容岗位相互分离控制。不相容岗位相互分离控制是一种关键的内部控制机制，旨在防止个人同时担任两个或多个存在相互制约关系的岗位，以消除或减少舞弊和错误的风险。这种控制措施基于多人执行同一任务时，无意识地犯相同错误的概率较低，而有意识地协同舞弊的可能性也比单人舞弊要小。因此，这种机制在事前和事中阶段都能提供有效的管控，对于预防舞弊和腐败行为至关重要。

为了实施不相容岗位相互分离控制，高校需要合理配置内部控制的关键岗位，清晰界定各岗位的职责和权限，并采取适当的分离措施，确保形成相互制约和监督的工作环境。

第二，内部授权审批控制。内部授权审批控制涉及明确学校各部门和岗位在日常管理和业务办理中的权限范围、审批程序和责任，并建立集体决策和会签制度以处理重大事项。工作人员应在权限范围内执行工作，审批人员则应依据授权限制和程序审批业务，以防止未经授权的权力行使和越权审批。

第三，归口管理控制。归口管理控制要求高校根据实际情况和权责对等原则，对相关业务进行统一的归口管理。由于高校的活动涉及多个业务部门，且某些活动需要跨部门协作和专业性支持，因此高校应根据管理需求，对特定业务活动进行归口管理。例如，政府采购事项通常涉及多个部门且具有专业性，高校通常设立独立的政府采购或招投标管理部门，或设立具有相应职能的科室来处理这些事务。

第四，预算控制。高校应加强预算对业务活动的约束力，确保预算管理覆盖业务活动的整个周期。年度预算应根据学校的发展目标和计划制定，为各项活动提供财务支持。通过实施"无预算不支出，有预算不超支"的原则，严格控制预算执行，确保预算管理在业务活动的各个阶段发挥计划、控制和反馈的功能。

第五，财产保护控制。确保资产的安全性和有效利用是高校内部控制的基本目标之一。为此，高校资产管理需制定日常管理制度，实施定期的清查和盘点，并采取包括资产记录、实物保管、定期盘点、账实核对和处置报批等在内的系列管控措施，以保障资产的安全和完整性。[①]

第六，会计控制。财务信息真实性是高校内部控制的核心目标之一，要求高校持续完善财务管理制度，确保财务信息的完整性。为此，高校需配备资质和能力合格的会计人员，合理分配会计职责，分离不相容岗位，定期对会计人员进行培训和教育以提升其职业道德和业务能力，同时规范会计基础工作，包括会计凭证、账簿、报告和档案的处理流程和要求。

第七，单据控制。高校在内部管理制度中应明确规定各项活动所需的表单和票据，确保相关工作人员按照要求进行填制、审核、归档和保管。这样的单据控制措施旨在留下业务行为的记录，确保各项活动合法、合规且真实。表单指高校业务活动中使用的内部凭证，如《预约报销单》和《预算调整表》；票据则是外部凭证，用于报销环节，证明业务事项的真实性和金额，如发票和银行结算单据。

第八，信息内部公开。高校需建立完善的业务活动信息内部公开机制，遵循国家规定和学校实际情况，明确内部公开的信息内容、范围、方式和程序。通过在单位内部一定范围内按既定方法和程序公开相关业务活动信息，高校能够加强内部监督，促进部门间的沟通协调，并激励相关部门提高工作效率。

4. 风险评估报告

风险评估结果应编制成书面报告，并尽快提交给单位领导层，作为加强内部控制和风险管理的重要参考。为确保高校内部控制的有效实施，风险评估报告应至少包含以下内容：风险清单、风险分布图、评估结果分析以及主要的风险应对建议。

第一，风险清单。通过列表形式，详细分类和描述所有可能影响单位风险管控目标实现或偏离的内外部因素，并记录每个风险项的评估等级。风险清单示例如表 3.2 所示。

---

① 刘罡. 高校财务内部控制实务 [M]. 北京：中国农业大学出版社，2018：58.

表3.2　风险清单示例

风险大类	风险细类	风险概述	风险等级
单位层面风险	单位组织结构风险	机构职责未有效分离，内部机构职能交叉重叠，导致管理出现真空地带	高/中/低
业务层面风险	预算业务风险	预算执行缺少跟踪，预算未按照编制执行，无法满足财政部门的执行要求，影响预算的使用	高/中/低
—	支出业务风险	各项支出资金范围和标准不满足政策或者相关制度的规定；支出程序不完整，管控不严格，导致经济损失	高/中/低
—	……	……	……

第二，风险矩阵图。风险矩阵图应直观展示和比较单位各项风险的严重性和可能性，以便单位领导层能够迅速识别需要重点关注的风险事项和领域。通过矩阵图，可以清晰地看到风险的高低分布和优先级。

第三，评估结果分析。报告应对风险评估结果进行客观分析，包括评估结果与单位实际状况的吻合度，以及风险排序和应予以关注的重大、重要风险分布情况。对于存在异常的评估结果，应给出合理的解释，并提出相应的校正和调整措施。

第四，主要措施建议。根据风险评估结果，报告应提出具体的风险应对措施建议。这些建议可以包括需要完善的内部管理制度、不相容岗位设计、需要优化再造的流程等。

第四章

高校财务活动内部控制

高校作为国家教育体系的重要组成部分，其财务内部控制对于保障教育经费的安全、有效使用以及防范财务风险至关重要。良好的内部控制能够保障教育资源配置的合理性，避免浪费和滥用，从而为高校的健康可持续发展提供坚实的财务支撑。高校财务内部控制主要涵盖单位层面和业务层面的内部控制。

第一节　高校财务单位层面内部控制

一、单位层面内部控制概述

单位层面的内部控制是业务层面内部控制的基石，它需要单位内部设立一个专门的牵头部门，负责组织、协调并推进内部控制工作的实施。单位层面的内部控制应当紧密结合单位的实际情况和需求进行构建，主要内容包括内部控制的组织机构及其工作机制、议事决策机制、关键部门的职责划分、关键岗位的轮岗制度、内部管理制度以及信息系统控制等。

（一）内部控制环境

内部控制环境对高校内部控制具有深远影响，包括外部环境和内部环境两个方面。外部环境通过政治制度、经济形式、法律环境、道德环境和技术环境等因素对内部控制产生约束和规范。内部环境则涉及组织机构的设置、权责分配、人力资源政策、单位文化以及内部监督机构的建立。如图 4.1 所示。

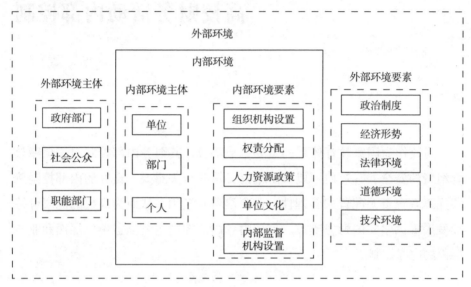

图4.1　内部控制环境

组织机构是确保高校日常运营顺畅以及实现计划、执行、控制、协调和监督等职能的基础框架。一个健全的组织机构不仅有助于高校有效预防和应对舞弊风险，还是单位内部控制建设的重要支撑。在组织机构的设计中，合理且科学的权责分配是关键，它确保各个部门、层级和岗位之间职责明确、权力与责任对等。

权责分配是通过科学方法将职权与职责合理地分配给各个部门、层级和岗位，以构建一个权责统一的整体。在此过程中，规范授权程序并妥善处理集权与分权的关系至关重要，既要保证管理层的决策效率，又要激发基层员工的积极性和创新力。

内部控制的成效不仅取决于其设计水平，还取决于人员的执行能力。

因此，人力资源是高校内部控制不可忽视的一个因素。人力资源政策包括人员的招聘、培训、考核、晋升与奖惩等方面，它涵盖了单位中所有人员的脑力和体力总和，对内部控制的执行效果具有决定性影响。

单位文化是高校长期形成的一种整体价值观，它涵盖了被团队共同认同并实践的价值观、道德观和行为准则等。单位文化是构建有效控制环境的必要条件，一个积极向上的单位文化有助于员工形成共同的价值取向和行为规范，从而推动内部控制的有效执行。

高校应制定和完善内部监督制度，明确各相关部门或岗位在内部控制监督中的权责权限，规定内部监督的程序和要求，并对内部控制的建立与实施情况进行监督检查和自我评价。通常情况下，高校会以内部审计机构作为内部监督和评价的主体。

（二）内部控制的主要风险

高校单位层面内部控制应重点关注以下风险。

第一，重大决策方案未严格按照"三重一大"议事程序进行，或校党委会（党委常委会或校长办公会）的决策未能得到有效执行，导致决策失误或执行不力。

第二，部门间职责划分不明，权责分配不合理，出现机构重叠、职能交叉或缺失，造成推诿扯皮现象，影响运行效率；关键岗位未实施不相容职务分离原则，导致业务活动缺乏有效制衡。

第三，人力资源配置不当，如缺乏或过剩、结构不合理、开发机制不健全，可能影响学校发展战略的实现；激励约束制度不合理，关键岗位人员管理不善，易导致人才流失和管理效率低下；人力资源退出机制不当，可能引发法律纠纷或损害学校声誉。

第四，信息系统建设滞后或规划不合理，造成信息孤岛或重复建设，降低学校管理效率；系统开发不符合内部控制要求，授权管理不当，影响信息技术在内部控制中的有效应用；系统运行维护和安全措施不到位，可能引发信息泄露或系统崩溃。

（三）内部控制的控制措施

第一，规范领导班子的议事决策程序，明确实行集体决策的"三重一大"事项范围，完善议事决策机制，确保决策的科学性和有效性。

第二，定期对各职能部门和内部控制关键岗位进行评估，及时修正设计与运行中的缺陷，避免职能交叉、缺失或权责过于集中，形成各司其职、各负其责、相互制约、相互协调的工作机制。

第三，实施内部控制关键岗位工作人员的轮岗制度，明确轮岗周期，对不具备轮岗条件的部门采取专项审计等控制措施。

第四，按照不相容职务相分离的原则，对各机构职能进行科学合理划分，明确岗位名称、职责、权限和工作要求，确保各岗位间的相互制约和协调。

第五，根据学校发展规划制定人力资源规划，按计划和程序引进优秀人才；明确各岗位的职责权限、任职条件和工作要求，通过公开招聘、竞争上岗等多种方式选聘优秀人才，确保岗位与人员匹配。

第六，建立教职工培训机制，加强后备人才队伍建设，促进教职工知识技能更新。

第七，建立和完善人力资源激励约束机制，设置合理的业绩考核指标体系，制定与业绩考核挂钩的薪酬制度，激发教职工工作积极性。

第八，建立健全教职工退出（辞职、解除劳动合同、退休等）机制，明确退出条件和程序。关键岗位人员离职前，应当根据有关规定进行工作交接或离任审计。

第九，加强信息化建设，通过信息技术固化流程和风险管控；加强信息系统开发的全过程跟踪管理；通过信息系统间的集成共享，建立信息共享的应用服务平台。

二、内部控制组织架构

高校在遵守相关法律和规章制度的前提下，应专门设计和配置内部控制部门、岗位及职责，以规避岗位职责交叉、权责过于集中等问题。内部控制组织架构主要涉及单位机构设置及其对应的权责分配。单位机构设置通常包括决策层、管理层和执行层三个层面。在各项活动中，涉及的三权是决策权、执行权和监督权。机构设置和职责分工时，应确保三权分立，这是实现科学决策、有效执行和有力监督的基本保障。

此外，高校应设立由本校主要负责人直接领导的内部控制工作职能部门，以组织本校具体的内部控制工作。

单位层面内部控制组织架构的基本要求如下：第一，成立内部控制领导小组，由学校主要负责人担任组长，明确领导小组成员构成、运行方式及内部控制管理的具体职责；第二，明确内部控制的牵头部门、工作小组成员构成及其职责，牵头部门应负责统筹协调内部控制工作，确保各项控制措施得到有效执行，工作小组成员应依据职责分工，共同推进内部控制工作的实施；第三，建立内部控制评价与监督机制，并明确其职责，评价与监督机制应定期对内部控制工作进行评估和监督，以确保内部控制体系的有效性和持续改进；第四，充分发挥财会、内部审计、纪检监察、办公室、政府采购、基建、资产管理及人事管理等部门在内部控制中的作用，这些部门应依据各自的职责，积极参与内部控制工作，形成协同效应，提高内部控制的整体效果。

通过以上措施，高校可以构建一个科学、合理、有效的内部控制组织架构，确保内部控制工作的顺利开展，从而提高高校的管理水平和风险防范能力。

（一）内部控制工作决策机构

高校应成立内部控制建设领导小组（以下简称"内控建设领导小组"），该小组负责全面管理和决策学校内部控制工作。内控建设领导小组应由学校主要领导担任组长，并吸纳各分管副校长作为成员，以确保内部控制工作的高效推进和决策的权威性。

内控建设领导小组的主要职能应包括以下四个方面。

第一，全面指导与决策，负责制定内部控制的工作方针和策略，确保内部控制与学校整体发展战略和目标相一致。

第二，建立和完善内部控制工作机制，制定学校内部控制规划和工作方案，为内部控制提供明确的实施路径。

第三，领导和协调内部控制工作小组，确保工作有序进行，并及时解决工作中的问题和困难。

第四，监督内部控制报告的编制工作，审批内部控制报告，确保其质量和准确性，为学校决策提供可靠依据。

通过内控建设领导小组的设立和职能的明确，高校能够确保内部控制工作的有效实施，进而提升管理水平和风险防范能力，促进学校的健康稳定发展。

（二）内部控制工作管理机构

高校在内部控制建设领导小组的领导下，应设立内部控制建设工作小组（以下简称"内控建设工作小组"）和内部控制办公室（以下简称"内控办公室"），这些部门通常设在财务处，负责具体实施内部控制建设工作。内控建设工作小组应由分管财务的副校长担任组长，各职能部门负责人作为成员，确保内部控制工作的全面协调和高效推进。

内控建设工作小组的主要职能应包括以下六个方面。

第一，起草内部控制体系建设方案或工作计划，为学校内部控制工作提供明确的指导和规划。

第二，组织协调内部控制建设的日常工作，确保工作有序进行。

第三，组织协调内部跨部门的风险评估工作，以识别和评估学校面临的风险，为内部控制措施的制定提供依据。

第四，组织协调相关部门或岗位落实内部控制的整改计划和措施，确保问题得到及时解决和持续改进。

第五，编制"内部控制制度""内部控制手册""内部控制报告"等内控工作文件，规范内部控制工作流程和提高工作效率。

第六，组织协调内部控制的其他相关工作，确保内部控制工作的全面性和有效性。

通过内控建设工作小组的设立和职能的明确，高校能够确保内部控制工作的具体实施，进一步提升管理水平和风险防范能力，促进学校的健康稳定发展。

（三）内部控制工作执行机构

高校各部门作为内部控制工作的执行机构，应积极配合内控建设工作小组建立和实施内部控制，并与内控办公室之间保持定期沟通和相互协调。各部门的主要职能如下。

第一，流程梳理与风险评估。各部门应配合内控办公室，对涉及本部门的业务活动进行流程梳理和风险评估，确保业务流程的合理性及风险的可控性。

第二，内部控制体系建设。各部门应积极参与学校内部控制体系的建设，为内部控制工作提供必要的支持和资源，确保内部控制措施与业务活动紧密结合。

第三，内部控制管理文件执行。各部门应严格执行学校内部控制管理文件，确保内部控制措施在日常工作中的有效实施。

第四，日常监控。各部门应对本部门内部控制的执行情况进行日常监控，及时发现并纠正内部控制执行中的问题，确保内部控制的连续性和有效性。

第五，其他相关工作履行。各部门应认真履行内部控制的其他相关工作，包括内部控制培训、信息披露、内部控制检查等，以持续提升内部控制工作的质量和效果。

通过各部门的积极配合和有效执行，高校可以确保内部控制工作的全面实施，提升学校的管理水平和风险防范能力，从而促进学校的健康稳定发展。

（四）内部控制工作评价与监督机构

高校应设立内部控制评价与监督工作小组（以下简称"内控评价小组"），该小组办公室通常设在审计处，负责对学校内部控制实施情况进行检查、监督与评价。内控评价小组应由分管内部审计的副校长或纪委书记担任组长，审计、纪检等部门负责人担任成员，以确保内部控制评价与监督工作的权威性和专业性。

内控评价小组的主要职能应包括以下五个方面。

第一，风险评估与评价办法制定。负责制定学校风险评估和内部控制评价办法及实施方案，为内部控制评价工作提供明确的指导和方法。

第二，执行检查监督与评价工作。组织实施学校内部控制执行的检查、监督与评价工作，确保内部控制措施的有效执行和持续改进。

第三，内部控制评价报告编制。编制内部控制评价报告，对学校内部控制的完善性和有效性进行评价，指出业务运行中的风险及内部控制存在的缺陷，并提出整改建议。

第四，内部控制手册更新建议。根据内部控制评价结果，提出更新和完善内部控制手册的建议，以反映内部控制工作的最新进展和需求。

第五，内部控制评价与监督体系建立。建立并不断完善适合学校实际情况的内部控制评价与监督体系，确保内部控制工作的持续有效性。

通过内控评价小组的设立和职能的明确，高校可以确保内部控制评价与监督工作的有效实施，进一步提升学校的管理水平和风险防范能力，促进学校的健康稳定发展。

三、议事决策机制

高校在内部控制建设中应确保决策、执行和监督三权分立，以保障内部控制工作的科学性、有效性和公正性。单位应建立健全集体研究、专家论证和技术咨询相结合的议事决策机制，以确保决策的科学性和民主性。

对于重大经济事项的内部决策，应当由单位领导班子集体研究决定。重大经济事项的认定标准应根据有关规定和本单位实际情况确定，一旦确定，不得随意变更，以确保决策的稳定性和连续性。

在学校内部控制建设中，学校党委应发挥领导作用，按照规定的权限集体研究决定经济活动的重大事项，并支持校长依法自主负责地开展内部控制建设。校长作为内部控制建设工作的首要责任人，在党委的领导下应全面负责学校的内部控制工作，对内部控制的建立健全和有效实施负责。

通过这样的机制和责任分配，高校可以确保内部控制工作的顺利进行，增强内部控制的效果，并促进学校的健康稳定发展。

（一）三权分立制衡

高校在内部控制建设中，应将业务活动的决策权、执行权和监督权相互分离，以建立职责分工明确、权力制衡的三权分立机制。这一机制的目的是确保内部控制目标的实现，维护学校的健康运行。

决策机制主要体现在授权审批机制上，它是业务执行的前置程序。在高校的任何业务活动中，都应设置明确的授权审批程序，确保所有业务活动都在授权范围内进行，从而避免未经授权的业务活动发生。

执行机制主要体现在按照审批的结果和适当的权限办理各项业务的过程中，这是对决策的具体落实。业务经办人在执行过程中，须严格按照授权审批的要求和结果办理业务，并及时将业务执行情况反馈给决策者，以保证决策的执行效果。

监督机制则主要体现在对决策、执行程序的合规性及效果进行检查评价上，以确保各项业务活动都经过适当的授权审批，业务经办人都按照授权审批的要求和结果办理业务。监督机制应包括对业务活动的合规性、执行效果、风险控制等方面的检查和评价，以便及时发现问题并进行纠正，确保业务活动的顺利进行。

通过这样的三权分立机制，高校可以确保内部控制工作的科学性、有效性和公正性，进而增强内部控制的效果，促进学校的健康稳定发展。

（二）集体研究决策

高校为了确保决策的科学性和民主性，实施了校长办公会和党委常委会的集体研究决策制度。此制度下，重大具体事项的决策均通过集体讨论和共同研究来确定，以保障决策的全面性和多元性。

在高校的议事决策流程中，强化领导班子建设至关重要。领导班子应贯彻党的民主集中制原则，通过集体讨论和民主决策，构建有效的保障与监督体系。这涵盖实行科学、民主决策，持续提高依法决策、科学决策及集体决策的水平。

议事决策的核心内容主要围绕"三重一大"展开，即重大事项决策、重要干部任免奖惩、重大项目安排、大额资金使用。这些决策内容的标准由学校领导班子会议明确，并公开"议事决策清单"，以提高决策的透明度和公众参与度。

通过此类制度安排，高校能确保决策的科学化、民主化，推动学校内部治理结构的优化，从而为学校的长期稳定发展奠定坚实的决策基础。

1. 校长办公会

校长办公会是由校长召集并主持的会议。在校长无法参加会议时，可以委托一名副校长代为主持。会议主持人会根据会议讨论的内容，确定与议题相关的人员列席会议。在讨论涉及"三重一大"问题时，必须有三分之二以上的成员到会方可举行。

校长办公会作为学校的行政议事决策机构，其主要职责包括：研究并提出由党委常委会讨论决定的重要事项方案，具体部署并落实党委常委会决议的相关措施以及研究决定教学、科研、行政管理工作。

校长办公会的议事范围涵盖以下多个方面：研究贯彻执行上级及学校党委的重要决定、决议的实施意见和具体部署；研究拟定学校事业发展规划、年度工作计划及各项规章制度；研究提出拟由党委常委会讨论决定的重要事项方案；研究决定教学、科研、行政管理等工作的具体安排；研究讨论并拟定学校内部机构设置方案、人才队伍建设规划、重大基建项目、年度经费预算等方案；研究讨论拟向党委报告的重大决议执行情况，向教职工代表大会报告工作，并组织处理教职工代表大会、学生代表大会、工会会员代表大会和团员代表大会中涉及行政工作的提案；其他需要提交校长办公会讨论决定的事项。

通过这样的议事范围和决策程序，校长办公会能够高效地处理学校行政工作中的重要事项，确保学校的决策科学合理，并推动学校的各项事业稳步发展。

2. 党委常委会

党委常委会是学校党委的议事决策机构，由党委书记召集并主持。若书记无法参加会议，可委托副书记代为召集和主持。所有党委委员必须出席常委会会议。在讨论干部选拔和"三重一大"问题时，须有三分之二以上的委员到会，方可举行会议。

学校党委实行民主集中制，通过健全集体领导和个人分工负责相结合的制度，确保重大问题按照集体领导、民主集中、个别酝酿、会议决定的原则，由党委集体讨论并作出决定。党委成员应依据集体决定和分工，切实履行各自职责。

学校党委承担管党治党、办学治校的主体责任，负责把握方向、管理大局、作出决策、抓班子、带队伍、保落实。

党委常委会议事范围包括：研究贯彻执行党的路线方针政策和上级指示精神、工作部署的实施意见；研究党的建设和思想政治工作中的重要问题以及纪检、工会、共青团、离退休干部和学生工作中的关键议题；审议确定学校基本管理制度，讨论决定学校改革发展稳定以及教学、科研、行政管理中的重大事项；讨论决定学校内部组织机构的设置及其负责人的人选；按照干部管理权限，负责干部的教育、培训、选拔、考核和监督，加强领导班子建设、干部队伍建设和人才队伍建设；讨论审定学校的发展规划、年度工作计划、重大改革方案、重要规章制度；讨论审定学校财务预决算、大额资金使用、重大合作事项等；讨论审定学校重大问题的请示和报告，以及学校表彰或推荐上级表彰的先进模范人物和先进集体等；其他需要党委常委会会议讨论决定的重要事项。

通过这样的议事范围和决策程序，党委常委会能够有效地处理学校党委工作中的重要事项，确保学校的决策科学合理，并推动学校的各项事业稳步发展。

（三）专家论证和技术咨询

对于业务复杂、专业性强的业务活动，如基建项目，在决策时应组织技术咨询和专家论证，以确保决策的科学性和合理性。在这一过程中，应邀请具备相关专业知识和丰富经验的专家参与论证并提供技术咨询。这些专家应保持独立、客观、公正的态度，不受任何利益相关方的干扰，以确保论证结果和咨询服务的质量。

参与论证和提供技术咨询的专家，应具备与基建项目紧密相关的专业知识和实践经验，能够对项目的技术难点、风险评估、经济效益等方面进行深入分析和评估。专家在论证和提供技术咨询时，应保持高度的独立性，不受学校或其他利益相关方的直接影响，确保论证结果和咨询服务的客观性和公正性。专家应基于客观事实和数据进行分析，避免主观偏见和情感因素的干扰。同时，专家应公平对待各方利益，确保决策的公正性和合理性。

专家对论证结果和咨询服务质量负有直接责任，应确保其提供的意见和建议具有可行性和可靠性。通过组织技术咨询和专家论证，高校可以充分利用专家的专业知识和经验，为基建项目等复杂、专业性强的业务活动提供科学、合理的决策依据，从而提高决策的质量和效果。同时，这也有助于增强高校内部控制工作的专业性和科学性，为学校的健康稳定发展提供有力保障。

四、关键部门及责任机制

根据确保不相容岗位相互分离、相互制约和相互监督的原则，高校需要科学合理地设置关键部门及岗位，明确职责权限和权力运行规则，切实实现分事行权、分岗设权、分级授权、定期轮岗。此举旨在防止权力过度集中，强化各部门和岗位间的相互监督和制约，从而增强内部控制的实效性。

各部门的职责具体体现如下。

财务处负责内控办公室的日常管理工作，组织开展内控专题培训，梳理本部门的业务流程，明确业务环节，分析潜在风险，建立健全相关制度，编制内部控制报告，并协助其他部门开展内部控制检查及评价工作。

国有资产管理处作为学校国有资产的归口管理部门和学校国有资产监督管理委员会的办事机构，负责所有与国有资产管理相关的事宜，包括制定管理制度、产权管理、资产的购置及处置等。需梳理资产管理业务流程，分析潜在风险，并制定相应的风险防控措施。

基本建设处负责学校新建、扩建、改建工程的统筹管理，制定建设项目管理制度，梳理关键业务流程及风险点，并制定相应的风险防控措施。

后勤管理处负责学校维修、绿化、能源、物业、膳食等业务的全面管理，需梳理本部门业务流程，分析潜在风险，制定风险防控措施，并建立健全相关管理制度。

招投标管理中心负责学校政府采购的整体管理，承担学校政府采购工作，负责货物、服务和工程类采购业务的全流程管理，明确业务环节和风险点，制定政府采购管理制度、岗位规章制度及风险防控措施。

合同归口管理部门负责合同管理制度的制定与完善，梳理合同管控流程，分析潜在风险，并制定相应的风险防控措施。

网络信息化中心负责将业务活动及其内部控制流程嵌入学校信息系统中，以减少人为操纵因素，确保信息安全。

审计处作为内部控制的专职检查及评价部门，负责在内部控制体系建设基本完成后，对学校内部控制体系的建立与执行情况进行检查，评估内部控制关键岗位及人员的配置情况，并出具内部控制评价报告，以持续优化和完善学校内部控制体系。

纪检监察处负责对权力运行进行全程监督，汇总权力运行情况，指导并优化权力流程，确保内部权力规范运行。

其他部门及直属单位需梳理本部门的权力事项内部控制清单，明确业务环节，分析潜在风险，并建立健全相关制度。

通过这样的职责和权限分配，高校能够有效确保各部门和岗位间的相互监督与制约，增强内部控制的效能，进而促进学校的健康稳定发展。

五、关键岗位人员资质和能力管理机制

高校人力资源管理部门在规划关键岗位人员时，应紧密围绕学校的发展战略。同时，各部门也需确保部门职责及岗位职责的修订及时、准确，以保障内部控制的严密性和有效性。

（一）提高关键岗位人员质量

在招聘过程中，高校应确保招聘人员的素质与岗位要求相匹配，且招聘过程公平、公正。依据内部控制的不相容岗位分离原则，高校应设立关键责任岗位，并通过公开选拔、竞争上岗的方式，选拔具有较强专业能力和职业道德修养的专业人员。这样的做法能够确保岗位设置的合理性，避免因人设岗的现象。

此外，高校还需建立关键岗位人员的培训机制，科学制定培训计划，定期对关键岗位人员开展业务培训、继续教育，以持续提高其专业技能和业务水平。同时，通过制度明确、警示教育、培训宣导等多种方式加强职业道德教育，使关键岗位人员了解并遵守职业道德要求。

通过这些管理措施，高校能够确保关键岗位人员的能力和素质与岗位要求相匹配，从而增强内部控制的效果，促进学校的健康稳定发展。

（二）实行关键岗位人员定期轮岗

高校应建立健全关键岗位的绩效考核机制，确保考核结果与薪酬、岗位发展、职务晋升等挂钩，以激励关键岗位工作人员更好地履行职责。这样的机制能够增强工作人员的积极性和责任感，提高工作效率和质量。

同时，高校应制定并实行关键岗位工作人员的轮岗制度。通过轮岗制度，明确轮岗范围、轮岗周期、轮岗方式等，实现岗位间的相互交流和经验分享，提升工作人员的综合能力。轮岗制度也有助于防止关键岗位工作人员的权力过于集中，增强内部控制的效果。

对于暂不具备轮岗条件的岗位，高校应采取专项审计等替代性控制措施，如定期审计、加强监督、建立预警机制等，以确保关键岗位工作人员认真履行职责，防止权力滥用，堵塞内部控制漏洞。

（三）完善关键岗位人员退出机制

高校应通过绩效制度对关键岗位人员的履职情况进行定期考核评估，并建立相应的退出机制。对于考核结果不佳且影响工作质量的关键岗位人员，高校应进行调查分析，如确因个人原因导致无法胜任工作，可采取调岗、培训等方式进行改善。若培训后仍无法胜任，应将其调离该岗位。

在关键岗位人员轮岗或离岗时，必须办理完整的工作交接或离任审计，确保工作事务得到妥善处理，避免因人员变动而产生工作空白或风险。

通过这样的绩效考核和退出机制，高校能够及时发现并解决关键岗位人员履职能力不足的问题，同时确保工作的连续性和稳定性，进而增强内部控制的效果，促进学校的健康稳定发展。

第二节　高校财务预算业务内部控制

当前内部控制建设的核心理念是"构建以预算管理为主线，以资金管控为核心的内部控制体系"。[1]高校预算业务内部控制作为高校管理体系建设的重要组成部分，不仅是高校其他管理控制的基本保障，更是确保高校财务稳健运行的关键环节。预算业务不仅承载着高校发展所需的资金基础，更是高校将事业发展目标转化为风险可控的预算管理目标的重要手段。因此，预算业务内部控制在高校财务内部控制体系中具有基础性地位，并发挥着不可替代的作用。

———————————
[1]　李才，赵静.构建以预算管理为主线，以资金管控为核心的内部控制体系［J］.中外企业家，2015（20）：51-53.

一、预算的概述

高校开展各项业务活动的基础是预算业务,这是高校根据其事业发展目标和计划所制定的年度财务收支计划。预算业务旨在预先整合和分配全校资源,以优化资源配置,确保资源的合理和有效使用。为了增强预算管理的效果,内部控制显得尤为重要。有效控制预算的编制、审批、执行、决算和绩效评价等关键环节的方法包括建立完备的预算内部管理制度、合理配置预算管理机构和岗位、建立部门间的沟通机制和预算执行分析机制以及深化内部核算审批流程。

(一) 高校财务预算的特点

第一,高校预算的全面性。按照国家有关高校经费的规定,高校需要依法安排和规划收入和支出。各项收费必须严格按照国家规定的收费标准和范围执行。高校预算需全面覆盖高校的收支情况,将各项收入和支出纳入预算体系中,接受统一管理和核算,以提高资金使用效率,确保高校事业计划目标的资金保障。

第二,高校预算的计划性。高校预算的计划性不仅体现了业务部门的具体职能和任务,而且贯穿于高校资金链的全过程,包括资金的筹集、分配和使用。高校预算计划性的具体内容包括细化高校事业发展目标,量化统计、分配和控制高校整体财务收支,是高校未来各项经济活动的主要依据。

第三,高校预算的约束性。高校预算必须与财政预算批复的口径保持一致,体现了高校预算的法律规范性。高校预算的约束性体现在预算业务的全过程中。预算编制完成后,需经高校党委会审批,公布并组织实施。在预算执行过程中,必须严格遵循相关程序,未经规定程序,任何人不得更改预算中规定的收支指标。同时,为确保实现高校发展目标,各部门应依据批复的额度和开支范围进行预算预测和执行。

（二）关键岗位和不相容岗位

预算业务的关键岗位包括：高校关键领导者及各学院的分管领导、财务部门负责人、财务部门预算岗位人员、各学院财务责任人和财务联系人员。

各环节不相容岗位包括：预算编制岗位与预算审批岗位相分离；预算调整岗位与预算审批岗位相分离；预算审批岗位与预算执行岗位相分离；预算执行岗位与预算评价岗位相分离。

二、预算业务内部控制的主要环节

预算业务的主要环节包括：预算编制及审批、预算执行和分析、预算调整、预算决算及绩效管理。下文将从基本要求、业务流程、主要风险、控制措施和目标，具体介绍每一项预算业务环节。

（一）预算编制与审批

预算编制与审批应全面、完整，确保所有收入和支出都纳入预算管理范畴。在编制和审批过程中，高校需要遵循谨慎原则，逐项核定收入预算，并根据年度工作目标、上年预算执行情况以及工作重点，合理分配支出预算。在预算编制前，需全面、深入调研各部门的业务情况，通过立项评审确保重大预算项目的合理性和必要性。高校应采用零基预算、滚动预算等科学方法，确保预算编制的专业性和规范性。为确保预算的合理性和执行力度，高校应建立健全预算审批管理制度，明确各级预算审批权限，并严格执行"三重一大"程序，确保预算审批的逐级性和合规性。此外，通过政策宣传，确保预算编制工作得到充分的理解和支持。

1. 基本内容

为规范高校预算管理，提高预算编制质量，并确保经费使用结构更优、效率更高，预算编制工作需遵循《中华人民共和国预算法》《中华人民共和国预算法实施条例》及《高等学校财务制度》的相关规定。在预算编制过程中，应恪守预算编制原则，严格按照编制办法和程序执行。预算编制的控制工作应涵盖预算编制程序、执行情况、项目设置及报表编制等方面，旨在预防编制过程中的各种风险。

在预算编制方面，高校应确保程序规范、方法科学、完成及时、内容完整、数据准确。各部门之间应加强沟通与协作，促进预算与资产配置、具体工作紧密结合。各部门应根据自身工作计划，细化预算编制，以确保预算的科学性和准确性。

2.预算编制要点

高校应按照"人员经费按实际、公用经费按定额、专项经费按项目库，实行零基预算"[①]的预算管理模式，将高校的全部收支纳入预算管理中，加强预算编制管理，完善预算控制措施。为实现建设高水平大学的总体规划目标，高校应重视建设具有校本特色和地方特色的优势学科，同时注重培养人才、搭建和完善高水平大学基础设施及平台。

首先，高校需要完善以成本核算为基础、以预算管理为核心、以绩效评价为导向的财务管理和资金分配机制，以提高高校资金分配和使用的效益。

其次，高校应根据实际资金情况合理安排项目的支出比例，既要保障基本日常支出得到有效保障，又要同步协调各部门的预算经费和重大专项经费。通过综合、科学的预算管理方法，全面统筹预算经费。

最后，在确保人员经费和刚性公用经费的前提下，高校应完善归口管理职能，细化"三公经费"的预算，并对学科建设、人才建设、基本建设、大型修缮、信息化工程等经费进行适度的归口管理。通过科学的论证方法和效益分析基础，归口管理部门与学院应共同努力，确保预算经费的投入能够有效支持学校的事业发展计划。

3.业务流程

预算编制业务流程应统筹安排资金，保证基本支出，确保收支平衡。具体业务流程如图4.2所示。先由省财政厅将预算编制通知下发至各高校的预算小组，即财务部门。再由预算小组根据通知内容组织业务部门部署预算会议，并且各业务部门根据本部门的情况编制预算并提出部门建议数值。接下来由部门负责人进行审批，通过的预算数将交由财务小

---

① 上海大学财务处.上海大学预算管理办法［EB/OL］.（2009-09-21）［2024-04-22］.https：//cwc.shu.edu.cn/info/1044/2865.html.

组进行审核，如果预算数值未通过审核，由相关的业务部门重新制定预算数值。然后将审核通过的汇总成预算草案逐级交给财经工作领导小组、党委常委会和省财政厅进行审批。如果草案未通过，将重新由预算小组即财务部门生成预算草案再次重复审批工作，直至草案通过，方可进行预算审批。

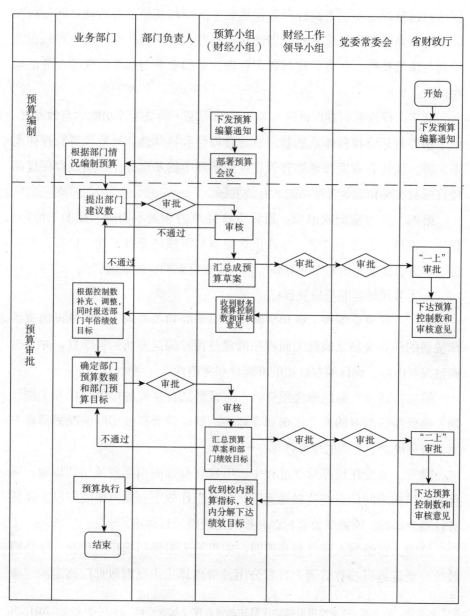

图4.2　预算编制及审批流程

4. 主要风险描述

第一，预算编制准确性低。由于高校预算编制所依据的信息不全面，政策理解不到位以及预算编制的基础数据缺失，导致高校预算与政策法规和年度发展目标相脱节。

第二，预算编制程序与其他业务互动脱节。由于预算编制程序不规范，横纵向信息沟通不畅，高校财务预算业务活动与其他业务活动之间衔接配合不足，降低了预算编制的合理性和准确性，缺乏可行性。最终导致预算编制与预算执行、预算管理与资产管理、采购业务与基建管理等业务活动相偏离。[①]

第三，预算编制难以促进高校目标的实现、绩效考评功能的有效发挥。由于预算目标或指标体系的制定缺乏合理性和科学性，导致预算管理体系不完善，无法有效发挥预算管理在高校管理中的基础作用，也难以促进高校目标的实现和绩效考评功能的有效发挥。

第四，资源错配或浪费。预算审核批准的职责不明确、标准不清晰、程序不规范、方法不科学，导致预算编制和审核缺乏权威性，执行力度不足，容易引发重大的差错或舞弊行为，造成资源的错配或浪费。

5. 主要风险控制措施及目标

第一，高校应深入了解和掌握预算编制的相关要求，制定遵循国家法律法规的预算编制，确保编制程序的规范性、编制方法的科学性，并及时调整编制内容，确保编制数据的准确性和完整性。

第二，高校在编制单位预算时，应紧密结合高校的年度目标和工作计划，确保预算编制的充分依据和合理性，制定符合高校实际情况的预算方案，避免设立不合理的预算指标。

第三，高校在预算编制过程中，应建立有效的内部沟通协调机制，确保内设机构之间信息交流畅通无阻，提高工作效率。预算编制应以工作任务计划为基础，明确绩效目标，并按规定进行项目评审。

第四，在编制人员经费预算时，应根据人事部门提供的信息，结合财政统一规定进行预算管理。日常公用经费预算应依据财政部门确定的定额

---

① 杨秀绣，瞿永泽.公益性事业单位内部控制体系建立过程探讨［J］.中国矿业，2021，30（S1）：50-53.

标准进行编制。项目预算的编制应灵活采用增量预算或零基预算等方法，对于常年项目，可基于增量预算法，结合项目内容和支出标准的变化进行测算；对于新增项目，则应采用零基预算法，根据项目内容、支出计划和论证结果等进行测算。[①]

第五，对高校预算建议数的编报和预算控制分解进行严格的审批，确保高校预算方案的合理性、准确性、完整性和可行性，为高校管理提供有力支持。

（二）预算执行与分析

为确保预算的严格执行和有效管理，各部门需严格按照批准的预算额度和指定用途安排支出，并建立一套完善的预算执行分析机制。该机制旨在定期向各部门通报预算执行情况，以提升执行效果，并防止无预算支出和超预算支出等问题的发生。预算执行的不规范，如未经预算的支出、超预算开支或预算执行进度严重滞后，可能会引发资金浪费或闲置的风险。因此，各部门必须明确自身的预算执行责任，严格遵守预算执行规定。

财务处将严格执行"无预算不结算、无预算不借款、无预算不报销"的原则，以控制无预算支出。同时，预算管理机构将进行刚性监督，确保各部门遵循预算执行，并建立预算批复和执行工作的信息反馈机制，以加强监督和管理的有效性。这些措施将共同确保预算的合规性和执行效率。

1. 基本要求

为进一步加强单位预算执行控制，明确预算执行中各部门的责任，提高资金使用效益和管理水平，应依据《财政部关于进一步做好预算执行工作的指导意见》和主管部门的要求，将批复的预算进行目标分解后下达校内各预算单位，并明确管理责任，确保其权威性、严肃性。[②]

2. 业务流程

各部门（学院）在启动项目前，需将项目实施方案及经费使用情况报

① 曹华.行政事业单位部门预算编制存在的问题及对策［J］.山西财税，2020（10）：59-60.
② 王德敏，李超超.行政事业单位内部控制精细化管理全案（第2版）［M］.北京：中国劳动社会保障出版社，2020：121.

相关职能部门审批。对于重大项目，还需通过"三重一大"项目相关审批程序。项目实施过程中，根据业务内容，按照相关业务控制流程使用项目经费，并定期编制项目用款计划，通过预算编审系统报送省财政厅。根据审批的用款计划，安排项目支出。具体的预算执行流程如图4.3所示。

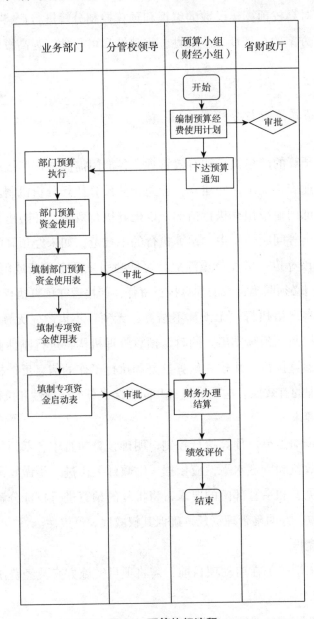

图4.3　预算执行流程

3. 主要风险描述

第一，预算批复形式不规范，导致预算执行和考核缺乏明确的依据标准。

第二，未建立有效的绩效考核体系，导致预算指标分解不清晰，影响预算执行力。

第三，预算执行过程中缺乏有效的监控管理，导致预算执行力不足，难以实现预算目标。

第四，未定期分析和评估预算执行情况，未能及时发现预算分析不准确、不合理、不及时的情况，导致预算执行效果不佳，出现预算执行结果偏差较大的问题。①

第五，未能建立完整顺畅的预算执行反馈和报告体系，无法及时沟通和反馈预算执行情况中的问题，导致问题无法得到有效整改。

4. 主要风险控制措施及目标

第一，落实进度责任制。人员经费预算执行进度由人事部门与财务部门共同负责，根据预算批复和每月实有人数及相关工资发放标准共同落实；公用经费预算执行进度由财务部门与各部门（学院）协同推进，依据预算批复及各部门（学院）需求共同落实；项目经费预算执行进度则由财务部门和项目实施单位共同落实，根据预算批复及工作进展情况具体实施。

第二，采用有效方法确保预算执行的严肃性、科学性。一方面，明确预算执行方式，包括直接执行、申请执行和政府采购执行三种。直接执行适用于预算指标、支出标准和支出方向已明确的业务事项，如物业费、水电费等；申请执行适用于预算总额确定、但具体内容需逐步明确的业务事项和支出金额不明确的业务事项；政府采购执行则适用于需按政府采购政策、预算和计划，经审批后支付的款项。另一方面，加强对预算执行申请的审核。对申请执行业务事项，各部门（学院）必须在确定的预算额度下提出执行申请。对预算执行申请额度超过执行预算指标的，各部门（学院）应当先申请预算调整，增加可执行预算指标后，再提出预算执行申请。②

第三，建立预算执行监控机制。财务部门和各部门（学院）应加强沟

① 王斌，张庆龙.行政事业单位内部控制实务操作指南［M］.北京：中国电力出版社，2014：78.
② 财政部会计司.行政事业单位内部控制规范讲座［M］.北京：经济科学出版社，2013：95.

通，利用财务信息和其他相关资料对预算执行情况进行监控，及时发现并纠正偏差。对于重大预算项目，财务部门应跟踪实施进度和完成情况。

第四，建立预算执行分析机制。财务部门应定期通报各部门（学院）的预算执行情况，分析预算执行中存在的问题，并提出改进措施，以确保预算执行的有效性。[①]

第五，强化监督检查。审计部门应根据控制目标与风险点，加大事前、事中检查的频率。监督检查的内容包括：预算执行责任是否落实；是否严格按照预算执行进度使用各项经费，是否年底突击花钱；是否建立了预算执行的分析和沟通机制。

（三）预算调整

为确保预算的严肃性和权威性，需规范内部预算追加调整程序，以充分发挥预算对业务活动的管控作用。预算一般不得随意调整，若确需执行预算调整，应经过适当审批，确保调整的合理性、必要性。未按程序执行的预算调整，可能导致预算控制失效或产生相关舞弊行为的风险。因此，需明确预算调整的相关制度和审批程序，按重要性原则进行调整，预算调整应有充分的必要性，并按预算调整事项的重要性进行排序。

1. 基本要求

预算调整是指经过批准的预算在执行过程中，因特殊情况需要增加支出或减少收入的变更。预算调整包括申请追加新的项目、申请追加已批准项目的预算资金、申请已批准项目间预算资金的调剂使用等。预算调整事项应符合学校的发展规划、年度重点工作任务，必须使资金利用效益更高、更优。[②]

2. 业务流程

学校在每年下半年安排一次校级层面的预算调整窗口期。在此期间，各部门（学院）提出预算调整方案，经各部门（学院）主要负责人审核后报相关职能部门审核。财务部门负责统筹安排预算调整项目，具体由财务部门预算管理人员负责预算调整工作。预算调整的详细业务流程如图 4.4 所示。

---

① 冯希胜. 高校预算精细化管理的研究与实践［J］. 会计师，2021（9）：61-62.

② 李燕. 政府预算理论与实务［M］. 北京：中国人民大学出版社，2018：114.

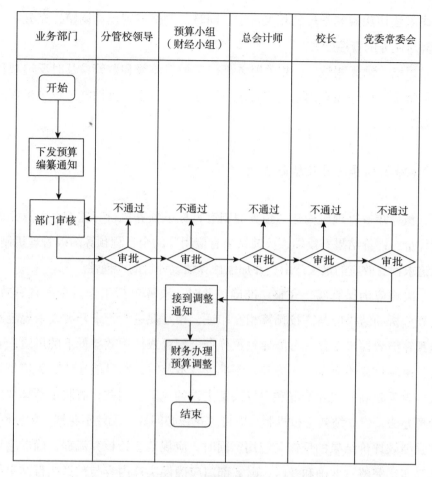

业务部门	分管校领导	预算小组 （财经小组）	总会计师	校长	党委常委会
开始					
下发预算 编纂通知					
部门审核	不通过	不通过	不通过	不通过	不通过
	审批	审批	审批	审批	审批
		接到调整 通知			
		财务办理 预算调整			
		结束			

图4.4　预算调整流程

3. 主要风险描述

第一，预算未能根据高校业务活动实际情况的变化及时进行调整，导致预算与实际执行情况出现较大偏差。

第二，预算调整依据不充分、方案不合理、审批程序不严密，可能造成预算调整随意、频繁，进而影响预算的严肃性和约束力。

4. 主要风险控制措施及目标

第一，在预算调整前，需充分了解高校财务业务活动的实际情况，并结合学校的发展目标，对预算编制进行相应的调整。同时，明确预算调整的条件，确保预算调整方案经过严格的审查和批准。

第二，在预算调整过程中，应规范预算调整的流程，确保预算调整符合国家法律法规和学校的相关规定。同时，严格控制预算调整，充分发挥预算对业务的管控能力。

第三，预算调整后，相关财务部门需加强监督和监管，及时反馈项目进展情况，确保预算调整方案合理、可控，并防止预算调整过程中出现舞弊行为。

（四）预算决算及绩效管理

预算绩效管理应构建"预算编制有目标、预算执行有监控、预算完成有评价、评价结果有反馈、反馈结果有应用"的全过程预算绩效管理机制，以追求预算效应的最大产出，并加强预算绩效评价的严谨性。

决算应确保真实、完整、准确、及时，决算分析工作需全面且有效，决算分析的结果应与高校预算相互印证、相互促进。若未开展或未规范实施预算绩效评价工作，可能导致预算资金配置或使用效益低下的风险；若会计决算信息不真实、不完整、不准确、不及时，则可能导致财务信息无法客观反映高校实际情况和引发决策失误的风险。因此，需制定预算绩效管理办法，建立绩效考核机制，坚持"花钱必问效，无效不花钱"的原则，加强绩效评价结果的反馈与应用。同时，应规范会计核算流程，确保决算的真实、完整、准确和及时；财务部门应确保决算内容与预算执行结果相契合；并明确决算审批权限。

1. 基本要求

强化决算和预算绩效管理，确保决算报告的真实、完整、准确和及时，深化决算分析工作，强化决算分析结果的运用，构建并完善单位预算与决算相互印证、相互促进的机制。构建"预算编制有目标、预算执行有监控、预算完成有评价、评价结果有反馈、反馈结果有应用"的全过程预算绩效管理机制。

2. 业务流程

首先，财务部门部署年终结账和决算工作；其次，财务部门组织单位年度财务收支决算工作；再次，由财务部门将决算报告提交至校长审批；最后，财务部门按照规定的程序将决算报告报送至省教育厅和省财政厅。

3. 主要风险描述

第一，预决算工作机制不科学、流程不健全，导致预决算管理效率低下，无法充分发挥预算在高校财务内部控制中的核心作用。

第二，支出未按照审核批复的预算编制进行，导致超出预决算指标安排，出现决算与预算脱节、口径不一的情况，难以及时反馈预算的执行情况。

第三，在项目过程中，对决算审核分析不到位，最终影响决算数据的真实性和准确性。

第四，缺乏科学公正、统筹兼顾、具有激励约束机制的绩效评价制度，影响预算资金的直接产出和效果。

第五，高校在预算过程中对预算管理的重要性认识不足，绩效评价结果运用较少，可能导致奖惩不到位，偏离预算目标，使预算管理流于形式。

4. 主要风险控制措施及目标

第一，确保决算报告编报符合相关法律法规，内容真实完整、收支数额准确无误、报送及时高效。

第二，建立并完善决算分析工作机制，确保决算分析结果与高校预算相互印证、相互促进。

第三，严格遵循会计制度规定及财政批复文件，核实会计数据，查找差异原因，属于本年的各项收入支出应如实列报；指定专人专责对照决算制度要求逐项核对，更正错报、漏报的数据。

第四，构建科学的预算绩效考核评价机制，确保考核过程公开透明、考核结果客观公正，及时反馈预算执行情况及考核结果给各部门，结合考核结果进行激励，确保奖惩措施公平合理。

第三节　高校财务收入业务内部控制

近年来，随着国家对高等教育经费投入的持续增加，高等院校的经费收入和支出规模显著扩大，并且资金来源变得更加多样化。同时，社会各界对教育资金管理的关注度不断提高，这使得高校必须进一步规范资金管理流程，提高经费使用的透明度。因此，加强高等院校收支业务的管理以及有效预防和控制资金运作风险，已成为高校内部控制体系建设的关键环节。

一、收入业务概述

高等学校的收入来源于开展教学、科研及其他活动所依法获得的非偿还性资金，这些收入类别包括财政补贴、事业收入、上级资助、附属单位缴款、经营收益以及其他各类收入。①

（一）收入业务特点

高校的收入具有非营利性，主要源于学校执行的人才培养、科学研究、社会服务和文化传承等职能。这些收入与学校的非营利性质相契合，且均为依法取得，确保合规性，符合国家法律法规和相关政策。同时，高校的收入具有非偿还性，即学校所获得的资金无需返还，与需偿还的负债相区分。

（二）高校收入来源分类

高校的收入来源多样化，以下各类收入共同构成了高校资金来源的全貌。

财政补助收入：这是学校从地方财政部门获得的各类拨款，包括教育、科研以及其他用途的拨款。

事业收入：此部分收入源自学校的教育和科研等活动，主要包括学生学费、住宿费等直接向学生或单位收取的费用以及通过提供各类教育服务所获得的收入。此外，还包括一些按国家规定无需上缴国库的资金以及从财政专户直接拨给学校的资金，均计入事业收入。

上级补助收入：这是学校从上级主管部门和单位获得的非财政性补助。

附属单位上缴收入：指学校下属的独立核算单位根据规定上缴的资金。

经营收入：学校在主要教学和科研活动之外，通过非独立核算的经营

① 李丹．中国高校财务制度研究［D］．长春：吉林大学，2012．

活动所获得的收入。

其他收入：这涵盖学校从规定范围以外的其他渠道获得的收入，例如投资回报、利息和捐赠等。

（三）关键岗位与不相容岗位

关键岗位：学校领导，分管财务的校领导；财务部门负责人，会计岗位，出纳岗位；各单位和学院的主要负责人，负责预算业务和财务报销的工作人员。

各环节不相容岗位：收入预算的编制与批准岗位分离；票据的使用和保管岗位分离；收入征收与减免审批岗位分离。

（四）收入业务流程

高校的收入业务分为财政补助收入、上级补助收入和事业收入、附属单位上缴收入、经营收入、其他收入两类。两类高校的收入业务流程图分别如图4.5和图4.6所示。

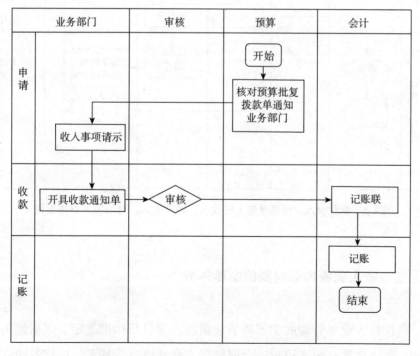

图4.5 财政补助收入、上级补助收入业务流程

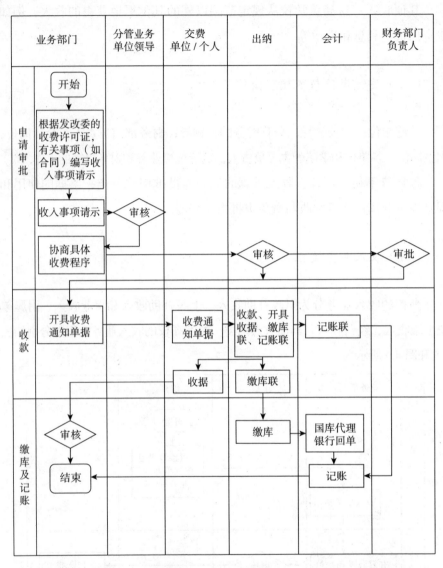

业务部门	分管业务单位领导	交费单位/个人	出纳	会计	财务部门负责人

申请审批

开始

根据发改委的收费许可证，有关事项（如合同）编写收入事项请示

收入事项请示 → 审核

协商具体收费程序 ← 审核 ← 审批

收款

开具收费通知单据 → 收费通知单据 → 收款、开具收据、缴库联、记账联 → 记账联

收据 ← 缴库联

缴库及记账

审核

结束 ← 缴库 → 国库代理银行回单 → 记账

图4.6　事业收入、附属单位上缴收入、经营收入、其他收入业务流程

二、收入业务内部控制的主要环节

　　高校收入业务管理的主要环节包括收入项目与标准确定、票据使用与管理、收入收缴、收入退付、合同管理、会计核算等环节。高校各项收入

因其来源不同，业务流程管理方面的侧重点也有不同，下文将针对各项收入的主要业务流程进行说明。[①]

（一）收入项目与标准确定

高校不同类型收入的项目和标准的确认与来源及性质有着密切的关系。

1. 基本要求

第一，财政补助收入。高校从同级财政部门获得的财政拨款，如定额补助和定项补助，须严格遵循财政部门下达的预算文件中规定的支出功能分类和项目名称来确定具体收入性质和项目计划。

第二，教育事业收入。学校财务部门是唯一的收费机构，其他部门未经授权不得擅自收费。为规范教育收费管理，必须依法依规收费，严禁乱收费现象，并严格监管教育事业收入的使用，禁止任何形式的挤占和挪用。教育收费项目及标准须经当地政府物价部门审批或备案，并获得收费许可证。学校应通过多渠道公示收费信息，严格按照批准的收费项目、范围和标准进行收费，确保及时足额上缴国库，并将收到的教育事业收入及时纳入收入科目。此外，建立统一的授权收费制度，由专门的收费管理部门负责收费项目的申请、校内审批、向政府物价部门申报、收费许可证的年检以及收费项目的变更等管理工作。

第三，科研事业收入。科研部门负责组织、管理和服务学校的科研活动，同时负责科研合同的签订工作。项目负责人与委托方共同拟定科研合同草案，学校指定的科研主管部门负责对合同草案进行审核并签订科研科技服务合同，根据项目特性实施专门化管理。

第四，上级补助收入。财务部门依据主管部门下达的预算文件，按照规定的支出功能分类和项目名称，将上级补助收入计入相应项目。同时，遵循主管部门和上级单位的预算编制规定，进行上级补助收入的预算申报。

第五，附属单位上缴收入。依据已审议通过的学校预算，确保按时足额收取应缴收入。附属单位需根据该预算上缴其应贡献的收入。

[①] 查道林.高校内部控制风险点梳理和基本制度框架参考［M］.武汉：中国地质大学出版社，2017：156.

第六，经营收入。学校设立专门的归口管理部门，负责管理通过社会化和企业化经济活动获得的收入。该部门根据各种经营活动的性质，分别设立项目进行收入预算的管理。

第七，其他收入。学校建立专门的归口管理部门，负责签订投资、捐赠和资产出租出借等协议，确保收入合法完整，减少学校资产流失的风险。主要依据包括投资决议、银行进账单、捐赠协议和出租出借协议等。

2. 主要风险

若未按照规定的时限和金额将应纳入政府非税收入征收范围内的相关收入上缴至财政专户，或未严格按照收入来源进行准确入账，将导致统计数据不完整或混乱。此外，部分收入可能因记录不当或记录不及时而未能正确作为收入入账。

3. 主要风险应对措施及目标

通过规范的申报审批流程，明确非税收入的来源单位、事由、金额和方式。在综合考虑学校事业发展计划、上一年度预算执行情况以及结转结余的基础上，科学预测各种收入来源。

遵循"收支两条线"的管理规定，确保所有属于政府非税收入范围内的收入按照规定的项目和标准进行入账，收缴分离、账款一致，并及时足额地上缴至国库或财政专户。严禁任何形式的截留、挪用或变相私分收入。

同时，严格依照收入入账流程操作，明确各岗位职责，以保证收入入账的准确性和完整性。

（二）收费与退费管理

收费工作是确保高校高效运行的关键环节，直接关系到收入的及时准确收缴。退费工作则需在遵循国家或学校政策规定的基础上，对已收取的款项进行规范退还。

1. 基本要求

各级部门在收到同级财政部门下达的预算拨款文件后，应依据文件中规定的支出功能分类和项目名称，及时确认财政补助收入和上级补助收入。

这要求严格审核拨款文件，确保资金用途合规，并通知归口业务部门或具体项目负责人，以便进行后续支出安排。

此外，教育事业收费的收取必须及时足额地上缴国库或财政专户，确保财政资金的规范管理和有效监督。对于从财政专户核拨给学校的资金以及经批准不上缴国库或财政专户的资金，应按规定计入教育事业收入。

科研收入的确认和管理同样重要。签订科研合同后，应及时将合同提供给财务部门，确保科研收入能够及时确认、计量和准确核算，从而提高资金使用效率，保障科研活动的顺利进行。

2. 主要风险

若学校财务部门未统一收取费用，可能导致其他部门和个人未经授权擅自收费，形成所谓的"小金库"和体外资金循环。此外，收费收入的记录和核算若存在延迟或未经必要审核审批流程，将导致实际收款与财务记录不符。

在退费过程中，若缺乏学校授权和审批，可能出现错误或欺诈行为。同时，退费操作不真实、不完整，且退费手续不完备，也将带来风险。

3. 措施及目标

各类收费必须及时登记入账并进行核账，确保账目与实际情况相符。国家物价政策应得到严格执行，所有收费项目和服务标准均须遵循已批准的规定。

为确保收费流程的透明和规范，应实施不相容岗位分离制度，明确关键岗位职责和权限，建立相互制约和监督的工作机制。

财务部门应建立定期的对账机制，与业务单位和外部单位定期核对账目，发现问题立即处理，确保收费收入的及时和完整入账。

退费流程应要求缴款单位或缴款人提交正式申请，经业务部门审批并提供必要支持文件后，由财务部门审核退费申请。同时，应确保退费单位名称与原付款单位一致，以防范错误和舞弊行为。

最后，退费工作必须真实可靠，经过适当的审批程序；退费手续必须完整；账目之间以及账目与实际情况之间必须保持一致。

（三）票据管理

不同来源的收入所使用的票据必须严格遵守国家相关规定，不得混用，并应加强管理。各类票据的保管、申领、启用、核销、销毁等环节均须详细登记，并由专人负责管理，以确保学校收入不流失。

1. 基本要求

第一，票据管理必须遵循国家相关法律法规，不得混用票据，同时应加强内部管理。各类票据的保管、申领、启用、核销、销毁等步骤都应详细记录，并指定专人保管，防止学校收入流失。

第二，票据开具的内容必须与合同签订的服务内容完全一致，严禁擅自更改票据内容，如付款单位名称、服务内容等。同时，应强化纳税管理，根据不同经营活动的应税比例准确核算各类税种，确保税额计算准确并按时足额缴纳税款。

2. 主要风险

票据领购应经过严格的审批程序和合理的登记制度，确保库存票据的去向清晰可追溯，避免票据遗失或滥用。

在使用票据时，填写内容必须真实准确，并严格按照规定加盖印章。连续使用的票据应保持连号，退票和废票需加盖作废章以作明确标识。

单位票据用完后，应及时进行核查和重新核准，以确保后续财务操作的合规性和准确性。

3. 措施及目标

建立一套完善的票据管理制度，覆盖票据的申请、领用、核销、销毁等全过程，并确保各环节均经过严格的授权审批。

指定专人负责票据管理，并实行不相容岗位分离原则，以增强内部控制和防范风险。

在使用票据时，必须确保其真实性、合法性和合规性，严格按照规定的程序进行开票、退票和废票操作。

票据的核销和销毁应及时报告给财政和税务部门，并按照相关规定履行相应的手续和程序。

第四节　高校财务支出业务内部控制

一、支出业务概述

根据《高等学校财务制度》和《高等学校会计制度》的规定，高等学校的支出是指高等学校开展教学、科研及其他活动所产生的资金耗费和损失。这些支出具体包括事业支出、经营支出、对附属单位补助支出、上缴上级支出和其他支出。

（一）支出业务的特点

第一，特定目的性。支出是高校为实现特定经济目的而发生的资金流出，包括偿债和开展日常经营活动等。这体现了支出是管理当局审慎决策下的理性行为，是实现高校整体发展目标的一部分。

第二，可计量性。支出的本质是资产流出，其金额可以通过资产减少量来准确计量。

第三，多样性。高校在明确整体的发展方向后，会根据不同的发展阶段制定不同的发展目标，同时，根据具体的情况，不断地调整不同阶段或不同部门的目标，从而产生不同的支出。因此，支出的类型和金额会根据具体目的的变化呈现多样性。

第四，政策性强。高校的非营利性质及其资金来源的政府财政属性，决定了其支出具有较强的政策性。例如，利息支出等需按国家规定计付，业务支出的范围和标准需严格执行国家有关规定。

（二）高校支出业务的分类

高校支出业务主要包括事业支出、经营支出、对附属单位的补助支出、上缴上级支出以及其他支出。①

第一，事业支出。涉及高校在教学、科研及相关辅助活动中的开支，包括人员工资、公用经费以及项目成本等。

第二，经营支出。指高校在进行非独立核算的商业活动时产生的费用，需与经营收入相匹配。

第三，对附属单位的补助支出。高校使用非财政补助资金对附属机构进行资助的费用。

第四，上缴上级支出。高校根据财政部门和主管部门的要求，向上级单位支付的费用。

第五，其他支出。包括利息、捐赠等不在上述类别中的费用。

（三）常见的支出费用类型

高校支出包括基本支出和项目支出。基本支出是指高校为保障其正常运转、完成日常工作任务所产生的支出，包括人员经费和公用经费。项目支出是指高校为完成其特定的工作任务和事业发展目标所需要的支出。②

高校产生的各项支出按照经济分类科目主要包括人员经费、办公费、差旅费、培训费、会议费、物业费、维修费等。加强各类费用支出的审核控制，能够进一步规范高校的支出行为，提高预算编制的科学化、精细化水平，进而提高高校经费使用绩效。常见的支出费用类型如表4.1所示。

（四）关键岗位和不相容岗位

关键岗位包括：学校领导，特别是分管财务的主管校领导；财务部门负责人，财务部门中的会计岗位和出纳岗位人员；各单位和学院的主要负责人，负责预算业务和财务报销的工作人员。

① 黄的祥，蓝茂.行政事业单位内部控制实操方案［M］.西安：西北工业大学出版社，2018：119.
② 新华会计网策划，龙海红，王玉勇.行政事业单位内部控制规范（试行）讲解及案例分析［M］.北京：中国商业出版社，2013：134.

表4.1　常见的支出费用类型

费用类别	概念	审核材料	报销注意事项	审核说明
办公费、邮电通信费	办公费是指高校购买按会计制度规定不符合固定资产确认标准的日常办公用品、书报杂志及星星印刷费等支出，分为办公用品、书报杂志。（办公用品主要是指本行政部门晒版、墨盒、色带、笔、笔记本等办公必需物品。报书报杂志是指本行政部门购买的资料、报纸、杂志等）邮电通信费是指高校业务活动产生的邮寄费、电话费、电报费、传真费、网络通信费等	①审核、审批手续完备的预约报销单；②发票及费用明细；③出入库单据	①电子发票无论大小都需在财务预约系统查验，纸质发票5000元及以上需要查验，发票开具内容应写明实物具体名称、单价、数量、金额等要素；②报销办公费时，发票版面上的货物名称为"详见销货清单"的，还需提供税控系统开具的明细销售单位的明细销售单，并加盖销售单位公章；③办公电话费报销，发票抬头需为高校全称；④邮电通信费报销，发票开具内容为"电信服务费""通信服务费"等，发票开具内容为"现金充值"的发票不予报销	—
差旅费	差旅费是指出差人员临时到单位驻地以外地区公务出差所发生的城市间交通费、住宿费、伙食补助费、市内交通费	①审核、审批手续完备的预约报销单；②会议（培训）通知，如无会议（培训）通知，需提供特殊事项审批表；③乘坐交通工具的有效凭证，如机票及登机牌、火车票或其他交通有效凭证，实行包干制的住宿费经费可不提供住宿票据而定额标准	①出差人员包含项目负责人本人的，需所在部门领导加签；出差人员是领导本人的，需分管校领导加签；②符合以下情形之一的需附特殊事项审批表：车票、船票、机票、登机牌（附相关证明材料），野外试验、受邀专家无正式合同或有效票据（附有效性证明），无公函召开的会议、培训通知，受邀请函等外出差必要性材料；③以学校为主体组织召开的会议、培训，无论在本市或外市，应按安排召集的差旅有关规定执行；④一事一单，一张报销单进行报销，不同事由的差旅费分项为多次多单，并填入一张报销单，也不得将一次、相同事由的差旅费分解为多次多单进行报销	—

续表

费用类别	概　念	审核材料	报销注意事项	审核说明
因公出国（境）费用	因公出国（境）包括因公出国（境）进修培训和因公临时出国（境）。因公出国（境）进修培训是指出国（境）时长在90天（含）以上的事项；因公临时出国（境）是指出国（境）时长在90天（不含）以内的事项；因公出国（境）进修培训包括培训费、国外城市间交通费、住宿费、伙食费、公杂费和其他费用。其中培训费是指出国用于授课、资料、场地费用租用、课程设计、对口业务考察或业务实践活动等在国外培训所必须发生的费用；因公临时出国（境）[90天（不含）以内] 经费开支范围包括国际旅费、国外城市间交通费、住宿费、伙食费、公杂费和其他费用	①审核、审批手续完备的预约报销单；②因公出国（境）经费核销单；③因公出国（境）申报审批结果；④公示证明；⑤政府批件；⑥出入境交通工具的有效凭证，如机票（包括登机牌）；⑦出国期间发生费用的有效票据，如获得政府留学奖学金的教师出入境记录报销时只需提供出入境记录即可	①因公出国（境）购买机票，应在政府采购机票管理网站上购买公务机票，机票款要通过银行转账方式支付。科研类经费列支的公务机票可不购买公务机票。②因公（境）临时出国管理，出国前首先填写××临时出国（境）申报表及××大学出国（境）预算审批意见表。③××大学因公出国（境）经费汇申请表需报省财政厅审批能处室审批	—
公务接待费	公务接待费反映学校按规定开支的各类公务接待（含外宾接待）费用。所称公务，是指出席会议、考察调研、执行任务、学习交流、检查指导、请示汇报工作等活动	①审核、审批手续完备的预约报销单；②接待事项的公函或邀请函；③接待部门提供的公务接待清单、审批表、公务接待单；④相关发票及原始明细单据等	①公务接待费用全部纳入学校预算管理，实行总额控制，由党办、校办归口管理。其他单位不再安排公务接待费用预算，所有单位一律不得从公用经费中列支公务接待费用。②来访人员属二级单位或以下的，由对口二级单位组织接待。需要校领导等要校领导参加的，由两办协调校领导参加。③来访接待，学校邀请人员不予接待，学校邀请来访的人员由相应的邀请单位接待，无公函的公务活动和来访人员不予接待。凡学校邀请接待对象的单位、职务和公务活动项目、时间、场所、费用等内容，由相关负责人审签。③必须如实反映接待对象的单位、姓名、职务和公务活动项目、时间、场所、费用等内容，作为报销的凭证之一并接受审计	—

费用类别	概　念	审核材料	报销注意事项	审核说明
交通费、公务用车运行维修费	交通费是指本校在职人员在校区属地，因公务外出采用打车、租车等方式所发生的市内交通费；公务用车运行维护费包括学校按规定保留的公务用车燃料费、维修费、过桥过路费、保险费、安全奖励费用等支出	①审核、审批手续完备的预约报销单；②发票或电子发票、行程单；③租车审批表、租赁用车单	①发生的交通费、网约车电子发票需提供行程单；单张出租车发票超100元的，需注明行程；②所有公务车辆费用，必须先经过车辆管理人员核算费用后，方可予以报销；③根据车况，驾驶员请示车辆管理人员或校办主任，经同意后，车辆原则上不允许在外地修理，特殊情况下，由驾驶员经批准后，可到相关正规修理厂修理，实报实销；④公车的加油地点原则要求在相对固定的加油站。每辆车一个油卡，车辆在外地，如确实无法使用加油卡，应选择正规加油站结账后索要正规发票，否则不予报销；⑤车辆的各类保险费由校长办公室在招标的定点保险公司统一进行购买	①通过租车公司发生的交通费、租车费，租车公司中标公司是学校中标公司，租车事项需事前经部门领导审批并填写租车审批表；②公务用车的维修必须在学校指定的正规维修厂，校长办公室负责在结算，驾驶员不得以现金直接进行维修结算
出版/文献/信息传播/知识产权事务费	出版费主要包括项目（课题）研究任务产生的论文、专著、标准、图集等出版费用；专利申请及其他知识产权费用是指为完成科研项目（课题）研究目标而申请专利在校内，以及该专利项目（课题）实施周期内发生的专利产权费用和办理其他知识产权费事务的费用，如计算机软件著作权、集成电路布图设计计划、临床批件、新药证书等	①审核、审批手续完备的预约报销单；②相关发票或支付凭证；③论文录用通知书及证明材料、书籍出版证明或合同；④专利权人证书及专利权证书、著作权证书等	①论文版面费报销时必须提供包括期刊封面、页面、封底等复印件；②版面费一般不借款。发表在国外期刊款，可酌情办理借款，但3个月内应办理还款。无法还原因的，按《暂付款管理办法》相关规定执行；③论文主任一作者为经费负责人的，报销版面费时需所在部门领导加签；④开具发票的单位和出版物的印刷单位应为该出版物的主办方，承办方或出版方之一；⑤资料等印刷品报销需要提供明细清单，注明印刷内容、数量、单价等；⑥费用金额超过合同金额的，报销时应提供合同或协议	①国外出版物用报销时需提供汇款支付凭证。②专利权产权申请及其他费用不能列支与本研究无关的专利的支出各项费用。③专利权等知识产权费用报销时，权力为持有人，必须为学校

费用类别	概　念	审核材料	报销注意事项	审核说明
会议费	会议是指学校各部门使用学校各类资金组织召开的教学、科研等学术类会议以及管理、文件传达、工作布置的行政类会议； 会议费开支范围包括住宿费、伙食费、交通费、会议场地租金、场地费、资料费、医药费等。所称交通费仅指用于会议代表接送站以及会议统一组织的代表考察、调研等发生的交通支出	①审核、审批手续完备的预约报销单、会议； ②会议通知、会议代表签到表、会议经费决算审批表、预算审批表； ③发票及费用明细等其他必要材料	①会议举办地点，一般情况下选择在校内，校内不具备条件时，可安排在校外召开； ②会议会期，行政类会议一般不超过1天，学术类会议据实合理安排会议天数和规模； ③会议费报销实行一会一清，会议结束后将所有的会议支出进行汇总并及时办理结账报销手续，严禁会议项目拆分进行报销。会议服务参会人员不得超过参会人数的10%； ④各单位不得委托社中等中小机构办理各类会议，不得到中央明令禁止的风景名胜地举办会议； ⑤委托其他单位承办科研项目会议的应当签订书面委托合同或者协议	①行政类会议不收取会议费。学术类会议据实决定是否收取会务，如收费，需符合有关收费制度规定，收取的会务会费需及时上缴财务处。收取的综合定额，涉及会议支出的综合定额，按税法有关规定缴纳税金。涉及国际论坛，其来华参加会议的海外专家来华办的，其来华会议费用在会议费定额标准以外单独核算； ②经学校同意邀请的海外专家来华参加学校举办的国际论坛，其来华会议费用在会议费定额标准以外单独核算
培训费	培训费是指学校承担的，使用学校各类资金举办行政事务类培训以及学术类培训的培训费。培训费的列支范围包括师资费、住宿费、伙食费、场地费、资料费、交通费以及其他费用	①审核、审批手续完备的预约报销单、培训通知、培训计划审批文件，培训人员签到表、培训预算审批表，培训经高校内部控制体系研究费决算表； ③发票及费用明细等其他材料； ④师资费提供讲课费签收单或合同； ⑤授课费等相关凭据报销伙食费等相关凭据报销的必要材料	①培训天数，报到和撤离时间分别不超过1天，但培训天数超过1天； ②培训费报销实行的10%； ③培训地点尽量选择在校内或就近的党校、行政学院、干部学院、部门行业所属培训机构等，不得在定点饭店以外的高级饭店和旅游风景名胜区度假村、宾馆、饭店等场所进行培训； ④讲课费签收单应含有讲课人员的姓名、身份证号、工作单位、职称或职务、发放工资和标准、银行卡号等有关信息。讲课费应通过银行卡打卡发放，原则上不得发放现金	行政事务类培训、学术类培训取实决定是否收取，如收费，需符合有关收费制度规定，收取的会务会费需及时上缴财务部门。收取的综合定额，涉及会议支出定额的，按税法有关规定缴纳税金。

费用类别	概念	审核材料	报销注意事项	审核说明
材料费、测试化验加工费	材料费是指属于固定资产范围以外的各类实验耗材、低值耐用品、医疗器械、低值易耗品、实验药品试剂用品等，不包括教学科研仪器设备和办公设备的维修费、土建工程材料、商品服务及运费等；测试化验加工费是指支付给外单位的检验、测试、化验加工及分析等费用	①审核、审批手续完备的预约报销单； ②发票及销货清单、入库单、出库单； ③测试化验报告及明细	①材料采购金额较大时，需提供除发票、出入库单以外的其他相关材料，如达到合同签订起点需提供合同，达到招投标起点需提供招投标文件，达到审计起点需提供审计报告； ②采购剧毒化学品、易制爆化学品、易制毒化学品等管制实验材料，应按照国家相应的法律法规和学校相应管理规定，由学校资产管理处统一一线下采购； ③购买实验动物如老鼠、兔子、鱼等，报销前需要去实验动物中心登记备案签字； ④测试化验费需提供除发票、加盖对方单位公章的测试化验加工报告外，达到合同签订起点的需提供审计报告	—
劳务酬金	劳务酬金包含科研劳务、科研绩效、专家咨询费、评审费、监考费、阅卷费等各种支付给自然人的各类酬金	①审核、审批手续完备的预约报销单； ②酬金发放申请审批表	①所有酬金发放均需网上预约办理，摘要中需写明具体发放事由，如专家咨询费需注明专家职称、事由、工作量（科研需注明是否为课题组成员），校内评审咨询费需注明非工作日、学生助研劳务需注明某月劳务等； ②所有酬金劳务不允许预先预支借款，不允许发放现金，均需通过银行打卡发放； ③酬金发放申请金额均为税前金额，由学校计算预扣预缴个人所得税，预缴的个人所得税次年汇算清缴期同由本人自行汇算清缴； ④在职人员除退休金额外，其他酬金按工资薪金计税；退休人员发放退休金免税，预缴的个人所得税由学校计算个人所得税	—

费用类别	概　念	审核材料	报销注意事项	审核说明
维修维护费	维修维护费是指学校日常开支的固定资产（不包括车船等交通工具）修理和维护费用、网络信息系统运行与维护费用、园林绿化、装饰装修等工程维修维护项目	①审核、审批手续完备的预约报销单； ②发票及明细资料； ③维修维护申请单、维修维护明细清单、验收单（报告）； ④达到合同签订起点或审计起点的项目，报销时需提供合同、审计报告	①涉及前期合同或期内维修维护，应提供前期合同或协议，注意质保期内维修维护的条约约定； ②中小型维修维护应从学校中标采用招标标示方式确定施工单位，大型维修维护应从学校中标采用招标标示方式确定施工单位； ③没有办理验收手续的维修维护项目，不得进行竣工审计与结算报账。按规定应进行该项审计的，必须提供审计报告	一
借　款	借款主要包括根据协议需货、服务合同或协议预付款项，以及按规定的预付款项、工程借款，需业务办理的其他特殊应收款项，如诉讼借款、住院借款	①与文章、书籍出版、专利相关的借款等提供发表文章或录用通知或收费依据； ②材料和设备采购、委托加工、对外协作、各种工程借款，需提供采购（加工）合同、外购合同、工程施工合同或工程预算等； ③因公出国借款需借款凭证、出国审批意见表、预算审批意见、出国任务批件； ④其他事项借款需提供对方单位出具的收费依据和借款凭证	①借款人应为本校在职教职工，借款按"前账未清，后账不借"的原则办理； ②借款应"一事一借"，不办理现金借款； ③借款人应在3个月内办理报销冲账业务，购置进口设备的暂付款项适当延长，冲账期限可适当延长，需跨年度结算的，应向财务处提供书面说明	一

高校内务部控制与规划探析

在支出业务中，应确保以下不相容岗位相互分离：支出标准制定与预算编制岗位应与审批岗位相分离；支出执行岗位应与审批岗位以及相关的会计记录岗位相分离。

（五）支出业务流程图

支出业务流程（基本环节）如图 4.7 所示。

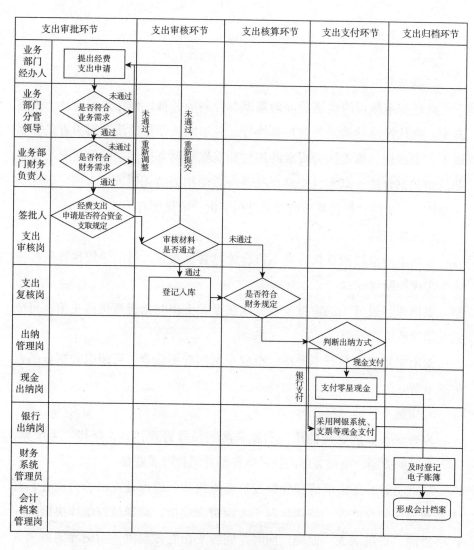

图4.7　支出业务流程（基本环节）

二、支出业务内部控制的主要环节

高校支出一般需要经过支出审批、支出审核、支出核算和支出支付四个环节。鉴于支出业务的重要性，支出控制的重点通常集中在逐级审批和会计审核环节，尤其是会计审核环节，它是如实反映经济活动、进行资金支付和形成会计档案的基础。

（一）支出审批

1. 基本要点

整理和审核反映经济活动的票据、合同等凭据，确保来源合法、内容真实。确认经济活动是否按预算执行，对未纳入预算的活动需检查是否通过了审批程序。负责执行资金的拨付和支取等财务操作，确保提交给财务部门的凭据合法、真实且完整。对经济活动相关的凭据进行审核，确保其完整性和真实性。根据规定的权限进行审批，确保所有手续完备。

2. 主要风险

支出申请未按预算执行或不符合预算管理规定，可能导致预算失控或无法实现控制目标。

支出未经过适当的审批流程，或在重大支出时未进行集体决策，可能引发错误或欺诈行为。

支出审批程序执行不严格，授权审批制度不健全，可能引起资金的损失或浪费。

3. 措施及目标

为确保预算的合规使用，实施全面的预算管理体系，坚持"无预算，不开支"的原则，由财务部门统一负责预算的执行和监督。

制定明确的支出申请和分级授权审批流程，以保证支出的合理性、真实性和程序的合法性。特别是对于大额资金支出，必须通过集体决策，并严格遵循"三重一大"原则。同时，完善支出管理制度，明确界定各项支出的范围、标准和限额，确保支出的合规性和经济性。

（二）支出审核

1. 基本要点

负责审核原始资料的完整性、合法合规性和真实性。

2. 主要风险

若业务经办人未能提交真实合法的票据，或票据内容与实际业务不一致，将导致支出不符合法规要求，资金可能遭受套取或浪费。财务报销审核不够严格，支付控制不力，可能会引起资金的损失或浪费，甚至出现私设"小金库"的问题。[①] 资产采购若审批流程不完善，验收和领发环节不规范，易导致采购行为失范和资源浪费。差旅费若缺乏事前审批，可能导致出差安排的随意性增加，从而造成资源浪费。借款管理若未设定明确的范围、条件和还款要求，可能引起长期未归还的借款和资金损失。接待活动若内容不明确、审批程序不规范、支出附件不完整，将可能导致资源浪费和合规性风险。劳务酬金发放若事由不翔实、对象与事由相关性不清晰、金额无明确标准，可能存在虚报冒领和资源流失的问题。维修维护若审批不规范、随意性大、验收走过场，可能会导致舞弊行为或资源浪费。举办未预算的会议或培训，以及拆分费用报销、列支不属于开支范围的费用或超标开支，均可能导致违规风险。

3. 措施及目标

第一，在报销审核过程中，必须遵循预算批准的范畴和标准，仔细审查单据的真实性、合法性、相关性和有效性，对特殊事项提供详细说明，并逐级审批。

第二，会计人员应验证资金支出申请是否符合预算要求，检查支出单据的合法性和完整性，并确保支付和采购方式的合规性。同时，不相容岗位应相互分离，以实现内部控制，防止单人操作整个支出流程。

第三，物资采购应提前申请，明确数量和质量要求，由资产管理部门按既定程序组织采购，完善入库和出库手续，专人管理台账，定期或不定期进行盘点。

---

① 姚凤民. 深化财政改革背景下高校财务管理实践与内控风险防范探究［M］. 北京：经济科学出版社，2019：146.

第四，完善差旅费审批流程，明确审批权限和报销标准，确保事前审批得到严格执行。

第五，建立借款管理制度，规范借款程序，并设立定期偿还机制。

第六，遵守公务接待制度，先申请后支出，注重节约，确保费用报销的真实性和完整性。

第七，在审核酬金申请时，要求提供完整材料，包括姓名、身份、职务、工作内容等，除特殊情况外，酬金应通过转账方式发放。

第八，维修维护前需提出申请，经审批后统一实施，完成后由三方验收确认。

第九，财政经费支持的会议或培训应纳入年初预算，学术类会议需在专项预算中安排，遵循"一事一清"和专款专用原则，提供完整支持材料，确保开支符合规定。会务费或培训费实行收支两条线管理，开支不得超出综合定额。

（三）支出核算

1. 基本要点

使用正确的会计科目和预算项目对高校财务支出进行确认和计量。复核原始资料的完整性、合法合规性和真实性。

2. 主要风险

会计科目和预算项目的错误使用，以及缺乏有效的稽核机制，可能导致会计处理延迟，进而引起会计信息的不准确。

3. 措施及目标

设立专岗负责会计核算，特别是支出事项，并建立严格的稽核制度。同时，优化会计处理流程，确保账务及时、准确处理，以保证会计信息的正确性和及时性。

（四）支出支付

1. 基本要点

为确保资金支出的准确性与合规性，应妥善填写支票、电子汇单等支付凭证，并通过国库支票、网上银行等安全、高效的方式实施支付。在完成支出后，需按照审批要求对公务卡的消费记录进行及时核销。对于现金支付，应确保操作规范，特别是使用国库现金时，必须详细核实各项支出信息，包括类型、功能分类、经济分类和项目代码等。

2. 主要风险

在支付过程中，若未对收款方的名称、账户和金额等信息进行仔细复核，或对资金支付类型不熟悉，可能会导致出现错误支付、超额支付或挪用资金的风险。

3. 措施及目标

在资金支付时，务必核实使用资金的类型，明确各类资金对应的支付方式和要求，确保支付的准确性和合规性，严禁套取资金。同时，加强支付流程的监控和复核，降低支付风险。

政府采购业务的关键控制岗位涵盖多个部门，包括预算单位负责采购预算编制的岗位，招投标管理部门的采购审核、执行岗位，审计部门的合同审核、验收、入库入账岗位，以及财务部门的采购付款、会计记录岗位等。在工程采购方面，关键岗位进一步扩展，涉及两点：①项目立项，由基建部门或后勤管理部门负责，重大项目需经校长办公会审批，招投标管理部门负责依法依规进行招标采购；②项目管理工作，由基建部门组织预算员和若干组员成立管理工作小组。

第五节　高校财务采购业务内部控制

政府采购是高校日常运作中不可或缺的一环，为确保采购活动的规范性、内部流程的有效控制以及提高政府采购的效率和质量，高校必须建立完善的内部控制机制来规范政府采购活动。

一、采购业务概述

政府采购是指事业单位使用财政性资金，按照《中华人民共和国政府采购法》的规定，采购集中采购目录内的或采购限额标准以上的货物、工程和服务的行为。政府集中采购目录和采购限额标准由省财政厅制定。[①] 采购方式主要分为集中采购和分散采购。集中采购是指委托政府采购部门进行的采购，凡纳入政府集中采购目录或采购预算金额达到政府采购限额标准的项目，均须委托政府采购部门进行。分散采购则由高校自行组织，主要针对未纳入集中采购目录或采购预算金额未达到限额标准的项目。采购活动涉及采购需求制定、内部审批、招标文件准备、复核、合同签订、验收及保管等多个环节，这些环节的不相容岗位应相互分离。高校应指定资产管理部门或招投标管理部门作为政府采购工作的归口管理部门，财务部门则负责审核采购金额、预算执行等环节。

（一）采购业务的特点

第一，经费来源渠道多元。高校的经费来源包括财政拨款、财政补助、事业收费、科研专项资金、校办企业收益、附属单位支付、捐赠资金以及银行贷款等多种渠道，其中财政拨款占据核心地位。

第二，时效性强。尽管高校资金来源多样且不固定，尤其是科研经费的数额和到位时间难以预测，但资金支配权部门或项目负责人通常会在资金到位后迅速提出采购需求，以尽快投入并产生效益。因此，高校在采购过程中需强调时效性。

第三，采购需求大。在"科教兴国"和"建立创新型国家"的战略背景下，国家对科教事业的投入持续加大，同时高校也积极争取社会各界支持以提高教育质量。随着教学、科研和社会服务等方面的快速发展，高校对各类采购需求显著增加。

第四，专业性强。高校在人才培养、科研探索、社会服务和文化传播等

---

① 徐光英．探讨高校内控制度建设中对经济业务风险点的识别［J］．湖北科技学院学报，2015，35（1）：200-201.

方面扮演着重要角色，其采购需求通常比企业更为复杂和专业。例如，教授和科研人员对仪器设备的需求因专业领域而异，可能需要定制化或专业改造的服务。因此，高校采购往往需要与厂家合作或寻求专业机构的协助。

（二）高校采购业务方式的分类

第一，公开招标。采购人或其指定的采购代理机构通过发布招标公告，邀请广泛的供应商参与投标，以竞争性招标的方式，从众多参与者中选拔出最合适的供应商作为中标者。

第二，邀请招标。采购人或其指定的采购代理机构会发出招标邀请函，邀请供应商（通常至少三家）参与投标，通过竞争性招标过程，从参与投标的供应商中筛选出最佳的中标候选人。

第三，竞争性谈判。谈判小组与具备资格的供应商就采购的货物和服务进行协商，供应商需提交符合谈判文件要求的文件和最终报价。采购人将依据谈判小组的建议，从候选成交供应商中做出最终选择。

第四，采购渠道单一。采购人从某一特定供应商处采购货物、服务，通常由于技术、质量或其他特殊原因，无法从其他供应商处采购。

第五，询价。询价小组会向符合资格要求的供应商发出询价通知，要求他们一次性报出不可变更的价格。采购人将从询价小组推荐的候选成交供应商中选定最终成交的供应商。

（三）关键岗位与不相容岗位

资产管理部门负责统一管理仪器设备、材料、办公家具等货物的采购业务。图书馆则专责图书采购业务。对于工程类采购业务，则由资产管理部门、后勤管理部门或基建部门共同负责。这些归口管理部门的主要职责是协调和监督管理本单位的物资、服务和工程采购活动，确保采购过程需求明确、程序合规。各部门还负责本部门内货物、服务和工程采购的申请和论证工作。

政府采购业务的关键控制岗位涉及多个部门，包括预算单位负责采购预算编制的岗位，招投标管理部门的采购审核、执行岗位，审计部门的合同审核、验收、入库入账岗位，以及财务部门的采购付款、会计记录岗位等。在工程采购方面，关键岗位进一步扩展，由基建部门或后勤管理部门负责项目立项，重大项目需经校长办公会审批，招投标管理部门负责依法依规进行招标采购。基建部门组织预算员和若干组员成立管理工作小组负责项目管理工作。

采购业务各环节的不相容岗位如下：采购计划编制与计划审批岗位分离；采购执行前期准备阶段中，采购方式申报与采购方式审批岗位分离，采购文件编制与采购文件审批岗位分离；采购执行过程中，执行职责与采购结果审定、验收、保管岗位分离，评选职责与采购结果审定岗位分离；采购执行过程中的验收职责与保管职责分离；监督与审计岗位与整个采购管理过程中的其他环节都保持独立，确保监督的公正性和有效性。

（四）高校采购业务流程图

高校采购业务流程图如图4.8所示。

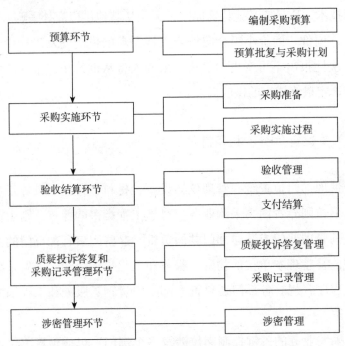

图4.8　高校采购业务流程图

二、采购业务内部控制的主要环节

本书将依照采购流程的基本环节，即采购计划与立项、采购执行、采购验收以及供应商管理，进行逐项分析。同时，根据采购内容的不同，可以将采购分为货物、服务和工程三个主要类别。

（一）采购计划与立项

1.基础要点

学校各单位办公室负责人负责申报本单位采购计划；业务采购办公室工作人员对各单位上报的采购项目的可行性、技术指标和服务要求等内容进行审查并签署意见，同时对同意采购的项目或物品进行汇总并上报至财务部门。财务部门审查后，将政府采购计划汇总表送至业务采购办公室。

2.主要风险

第一，如果采购计划未制定或制定不当，可能会影响学校事业的高效运作和发展。

第二，如果采购计划未经过充分论证和审批，可能导致重复采购或遗漏，进而影响计划的科学性、合理性和规范性。

第三，如果采购意向未按规定完整且及时地公开，就存在政府采购不合规的风险。

第四，请购程序不规范、采购需求配置标准不完善以及缺乏必要的论证环节，可能导致盲目采购、重复购置或资源浪费。

3.措施及目标

第一，每年年初，学校各学院和部门应根据事业发展规划和年度工作计划，对现有资产进行清查，了解使用状况，并考虑未来的配置需求，从而制定年度采购计划。采购归口管理部门会对这些计划进行汇总和平衡，形成校级采购预算，提交给校长办公会或党委常委会审批。全年采购活动应严格遵循预算安排。

第二，年度内采购活动的安排应遵循"轻重缓急"的原则，确保采购项目的可行性和合理性，并在规范的审批流程完成后方可执行。

第三，需求部门在提出采购计划时，应避免指定或变相指定供应商。对于独家代理、专有或专利产品，需提供特殊资料，并经过专家论证以及具有审批权限的部门或人员批准。

第四，必须严格按照规定公开采购意向，及时填写政府采购意向公开信息表，确保信息的准确性和完整性，避免任何形式的遗漏或延误。

第五，采购申请应根据批复的预算进行，并提供充分有效的采购需求资料。对于大额、重要或特殊的采购项目，应加强论证管理，并遵循规定的采购审核和审批流程。

第六，严禁将采购的货物或服务分解为小额项目，或采用其他手段规避公开招标。

（二）采购执行 –

1.基础要点

业务采购办公室负责确定采购方式并上报至招投标部门。招投标办公室则根据批复的采购方式，负责发布政府采购信息，审核招投标文件，并组织采购项目的招标活动。

2.主要风险

第一，若采购过程未遵循规定，未能按标准程序发布采购信息，这将导致采购信息公开不全面，进而影响采购活动的公正性，增加违规或舞弊的风险。

第二，若采购文件的审核和审批不充分，可能导致采购文件与实际采购需求脱节。

第三，若招标文件存在倾向性，或招标过程中存在不规范行为，可能违反法律法规，影响招标结果的公正性。

第四，中标供应商在履约过程中弄虚作假，可能导致交付的货物或服务不符合质量要求，损害学校利益。

第五，若合同内容、条款存在不合理、不严密、不完整或不明确之处，可能导致合同执行出现偏差，造成学校利益损失。

3. 措施及目标

第一，审批采购申请时，相关部门或人员应确保文件内容准确、完整，符合学校运营需求，并遵守采购计划和预算要求，同时确保采购信息的及时公开。

第二，采购方式和组织应遵循国家规定，根据采购特点和用户需求选择适当的采购方式。采购时应明确采购需求，包括货物名称、金额、时限、质量要求及资金来源等。

第三，采购和招标文件的编制、撰写、审核和审批应严格按照规定进行，确保条款的合理性、完备性和符合公告时间与程序要求。

第四，招投标过程应遵循"公开、公正、公平"原则，避免利益冲突，并加强纪检和审计部门的监督。

第五，中标供应商的资质应经过严格审核，通过征信系统了解其信用状况，确保其具备履约能力。同时，加强采购过程的监管，严格验收环节，并在合同中明确违约责任。

第六，合同内容应完整，条款明确具体，文字表达准确。合同附件应包括货物配置清单、服务项目内容、售后服务承诺、中标通知书等。在签订前，学校合同管理部门、法务部门和分管领导应对合同进行严格审核，确保学校合法权益。

第七，合同变更时，必须遵循严格的合同变更审批程序。

（三）采购验收

1. 基础要点

业务采购办公室负责组织政府采购的验收工作，而财务人员则根据国家政府采购付款的相关规定办理付款手续。

2. 主要风险

第一，验收流程若不规范，且验收人员缺乏必要的资质和专业知识，可能导致验收过程流于形式，从而给学校带来经济损失。

第二，若收到的货物与合同或订单中的数量、规格型号、日期或质量要求不符，学校可能会遭受直接的经济损失。

第三，货款支付申请若缺乏充分依据，可能引发资金支付的风险，如支付错误或支付延迟。

第四，采购档案若未规范保管，可能导致档案缺失；对于涉密项目，若未签订保密协议，则存在信息安全泄露的风险。

3.措施及目标

第一，必须强化采购验收管理，确保验收流程、标准和参与人员的专业性。参与验收的人员应具备与项目相关的专业知识和实践经验，并在验收过程中严格遵守职责分离和"回避"原则。

第二，使用部门和资产管理部门应负责组织供应商履约验收工作。对于大型或复杂的政府采购项目，应邀请国家认可的质量检测机构参与验收，验收成员需在验收书上签字确认。

第三，在验收过程中，若发现货物与合同或订单存在任何差异，包括数量、规格型号、日期和质量等方面，应立即向供应商提出并书面记录。在供应商完成整改之前，不得在验收单上签字确认。若交货期限届满仍不满足合同要求，应根据合同违约条款追究供货方的法律责任。

第四，合同中应明确约定付款方式和期限，并严格按照合同内容执行付款手续，确保资金支付的准确性和及时性。

第五，采购部门需对采购计划、执行方式和验收等环节及时、准确地记录，并确保相关资料及时归档，按照档案管理规定进行管理，并及时移交档案管理部门。

第六，应明确各部门的职责，完善采购档案的归档、保管和销毁规范程序。加强对涉密采购项目的安全保密管理，学校应与具有相应保密资质认证的供应商或采购中介机构签订保密协议，或在合同中设定保密条款。[①]

（四）供应商管理

1.基础要点

业务采购办公室在与供应商或采购中介机构合作时，应签订保密协议或在合同中明确设定保密条款，以确保双方合作过程中的信息安全。

① 政府会计制度编审委员会.政府会计制度详解与实务 学校会计实务与衔接［M］.北京：人民邮电出版社，2019：167.

2. 主要风险

若供应商规模较小、资质不高或专业能力不足，其提供的货物和服务质量可能难以得到保证。这会导致学校在采购过程中可能无法达到预期效果，从而造成资金的损失和浪费。

3. 措施及目标

为确保供应商提供优质的产品和服务，应健全对供应商的遴选和评价管理制度。具体措施包括：制定详细的供应商选择标准，包括但不限于供应商的规模、资质、专业能力、历史业绩等。定期对供应商进行绩效评估，评估结果将作为供应商是否继续合作的依据。建立"淘汰"机制，对于绩效不佳或存在严重问题的供应商，应及时终止合作关系。加强对供应商的沟通和管理，确保供应商了解学校的采购需求和标准，并提供符合要求的产品和服务。

第六节　高校财务资产业务内部控制

资产是高等教育机构执行其职能和业务活动的物质保障。依据 2015 年 10 月 23 日财政部颁布的《政府会计准则——基本准则》，资产被定义为：由过去的经济业务或者事项形成的，由政府会计主体控制的，预期能够产生服务潜力或者带来经济利益流入的经济资源。这里的服务潜力指的是学校利用资产提供公共服务和产品，以履行其教育和行政职能的潜在能力。而经济利益的流入可以体现为现金及现金等价物的增加，或者通过减少负债来体现。

一、资产业务概述

高校资产包括学校拥有或控制的、可计量的经济资源，如财产、债权及其他权利。为了有效管理这些资产，学校应建立全面的内部管理制度，确保资产管理遵循国家国有资产管理的法规，并结合学校的具体业务特点，实施分类和流程管理。此外，学校需明确各部门和岗位的职责，加强对资产配置、使用和处置等关键环节的监管。①

高校资产主要由流动资产、固定资产、在建工程、无形资产和对外投资等组成。②本章重点探讨货币资金、实物资产和无形资产的管理。货币资金主要由财务部门管理，实物资产由资产管理相关部门管理，而无形资产则根据类型，由资产管理部门和科技管理部门等负责。

简而言之，资产是高等教育机构履行其职能和业务活动的财务和物质基础。为了确保资产的有效管理和使用，学校应基于自身特点，制定并实施资产内部控制措施，包括分类和流程管理，以及对资产配置、使用和处置等关键环节的严格监管。

（一）资产的特点

第一，货币资金的特性。货币资金是高校日常运营中以货币形式存在的资产，主要包括现金、银行存款等。这类资金具有高度的流动性、广泛的应用范围和较高的风险控制需求。因此，建立健全的货币资金内部控制体系，紧密监控资金流动的各个环节，精准识别并防控风险点，对于确保高校资金的安全性、完整性和高效性至关重要。

第二，非货币性资产的特性。非货币性资产是指除货币资金外，高校拥有和控制的资产。它们根据价值形态主要包括实物资产、在建工程、无形资产和对外投资等。这些资产通常价值较大、形式多样、管理复杂，特别是用于教育和科研的资产，需要高度的专业性和严格的使用与管理标准。

关于高校的对外投资，它与其他类型资产的管理有所不同，需要遵循特定的原则：进行投资时，必须严格遵循相关审批流程；投资行为不能由高校直接进行，而应通过资产经营公司代表学校执行；高校不得使用财政拨款及其结余进行投资，也不得涉足股票、期货、基金、企业债券等高风

① 王同孝，王以涛. 高等学校内部控制理论与实务［M］.北京：应急管理出版社，2021：154.
② 姚丽影. 新时代科研单位固定资产管理工作探索——以吉林省农业科学院为例［J］.吉林农业，2018（22）：127.

险投资领域；如果高校使用实物、无形资产等非货币性资产进行投资，必须按照国家的相关规定进行资产评估，并合理确定资产的价值。[①]

（二）高校资产的分类

1.货币资金

货币资金是高校资产中流动性最强的一类，同时也伴随着较高的控制风险。为了确保货币资金业务的安全性和透明度，必须实行两人以上的分工制度，禁止任何单个人独立完成资金的收支或保管所有支付凭证所需的印章。此外，应建立回避机制，确保资金使用申请人与审批人、会计、出纳之间不存在直接关联，以维护资金管理的独立性和公正性。如图4.9所示。

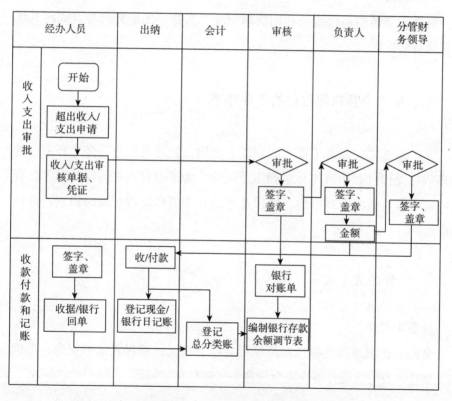

图4.9 货币资金业务流程图

① 张曾莲.政府与非营利组织会计［M］.北京：清华大学出版社，2015：178.

2. 固定资产

固定资产是指那些使用寿命超过一年、单价达到规定标准（一般为1000元）以上的设备，这些资产在使用过程中保持其原有的物质形态。即便某些资产的单价未达到此标准，但如果它们耐用超过一年且属于同类型物资，也应被视为固定资产进行管理。高等教育机构的固定资产通常分为以下六大类别：建筑物及结构物、专业设备、通用设备、文物与陈列品、图书和档案、家具及日常用品（装饰和动植物通常不包括在此类）。

3. 无形资产

无形资产是指虽不具有实物形态，但能为使用者提供某种权利的资产，包括专利权、商标权、科技成果、校名校徽、著作权、土地使用权等。[①]

4. 对外投资

对外投资是指高校依法利用货币资金、实物、无形资产等方式向其他单位进行的投资。

二、资产业务内部控制的主要环节

资产业务流程涵盖了资产的获取、运用、处理及核查等多个环节，这些环节在操作过程中可能会遇到多种风险。为了应对这些风险，高等教育机构应采取有效的管理措施，确保业务流程中的风险得到及时识别、评估和应对。

（一）资金清查盘点

1. 基本要点

全面、详细地检查和核对高校资金收支情况，确保资金的安全、准确和完整性，及时发现并解决资金管理中可能存在的问题。

---

① 财政部全国财政干部培训中心.中国财政工作知识手册［M］.北京：中国财政经济出版社，1999：162.

2. 主要风险

若货币资金未按制度要求进行定期的清查盘点，可能无法及时发现潜在问题，进而造成资金被贪污或挪用。

3. 措施及目标

第一，出纳需每日计算现金账面余额，并与实际现金库存进行对比，制作现金盘点表。发现账目与实际不符时，须确定差额，调查原因，并按既定流程报批后处理。

第二，出纳应每日核对银行存款日记账与银行收支凭证，会计人员则每月核对银行存款日记账与总账，并编制银行存款余额调节表，以解决未达账项。

第三，检查库存现金是否超出规定限额，超出部分应立即存入银行，低于限额则应及时补充。

（二）资金收付

1. 基本要点

明确各岗位职责和权限，确保资金收付业务的不相容岗位相互分离，形成有效的监督机制。建立严格的资金收付授权审批制度，逐级审批资金收付业务，确保资金使用合法合规。统一管理收据和付款凭证，确保凭证的真实、完整和连续。加强银行账户和现金管理，定期核对银行账户余额和现金盘点，确保资金安全完整。建立资金监控系统，实时监控资金收付业务，及时发现并纠正违规行为。定期对资金收付业务进行内部审计，评估内部控制有效性，提出改进措施。

2. 主要风险

第一，货币资金收付入账不及时，可能引发账外资金、私设小金库或现金坐支等问题。

第二，出纳同时负责货币资金的支付和保管所有支付印章，可能产生资金被私吞或挪用的风险。

第三，货币资金收付申请与实际操作未分离，可能影响资金的透明性和安全性。

3. 措施及目标

第一，制定并实施货币资金收付管理规范，确立财务部门为货币资金管理的核心部门，确保所有资金收付均通过财务部门及时入账。严禁私设"小金库"、账外账和公款私存。

第二，遵循不相容职务分离原则，出纳负责资金收付和保管，但不得负责记账、审核或稽核。

第三，财务印章及银行预留印鉴由不同人员分别保管，相互监督。

第四，严格执行分级审批制度，审批人员按职责、权限和程序审核支付申请的真实性、合法性、金额准确性和附件有效性。对"三重一大"事项采取集体决策。出纳人员根据审批后的申请，依规办理资金收付。

第五，明确各类票据的使用范围，防止开票人员超范围使用票据，禁止票据混用，禁止领用单位长期持有票据而不及时上交。

（三）资产取得与调拨

1. 基本要点

所有资产购置必须经过相应的审批程序，确保购置的资产既符合学校的教学、科研和管理需要，又处于预算范围内。购置大宗资产时，应实施公开招标，以确保采购过程的公开、公平、公正，并有效防止舞弊行为。与供应商签订的采购合同应明确资产的质量、数量、价格、交付时间、售后服务等条款。到货后，应有专人进行验收，确保资产的质量和数量与合同约定相符。对所有购置的资产进行详细登记，包括资产名称、型号、数量、购置日期、使用部门等信息，以保障资产信息的准确性和完整性。同时，应明确资产的使用和维护责任，确保资产得到合理使用和妥善维护，以延长其使用寿命。当资产需要在不同部门之间调拨时，应经过审批并办理相应的调拨手续，以确保资产的合理流动和使用。此外，应定期盘点资产，及时发现并处理资产丢失、损毁或闲置等问题。对于不再使用的资产，应按规定程序进行合理处置。这些措施有助于提高资产的使用效率和管理水平，防止资产的浪费和滥用。

2. 主要风险

第一，固定资产预算安排与实际使用需求不符，可能导致配置上的闲置与不足，从而引发固定资产的浪费、低效使用或未充分利用的风险。

第二，如果固定资产的领用和调拨审批流程过于简化或执行不严格，以及缺乏对固定资产转移的监管，可能会增加资产遗失或被私用的风险。

第三，若固定资产管理员未能及时更新固定资产台账，将导致账面记录与实际物资不符，进而影响资产管理效果。

3. 措施及目标

为降低上述风险并实现有效管理，资产管理部门应协同其他部门，根据学校事业发展规划，对固定资产需求进行充分论证，并据此编制合理的固定资产预算。对于贵重仪器和大型设备的购置，应组织专家进行深入论证。同时，应完善固定资产的授权审批流程，确保固定资产的取得、验收、领用、调拨、报废等环节均严格按照规定的程序进行，包括申请部门的申请、资产管理部门的审核、采购部门的执行、财务部门的核算以及校领导或校级会议的审批。

在资产采购过程中，应遵循政府采购程序，确保采购活动的合规性。此外，应建立固定资产的验收和使用管理制度，确保资产在验收合格后及时办理登记入库手续并更新固定资产台账。对于资产的内部调拨，应填写详细的调拨单并办理相关手续，以确保资产信息的准确性和完整性。通过这些措施的实施，可以实现对固定资产的有效管理和控制，提高资产的使用效率和管理水平。

（四）执行与监督

1. 基本要点

提交部门的收支申请时，必须确保所有款项的收取有明确的收费许可证或合同等收费依据。对于合同支付，需附上相应的合同文件作为支付凭证；若涉及重大经济活动，还需经过本部门相关主管的审批同意。

财务部门应定期或随机对出纳管理的现金进行审查和盘点，确保现金安全无误。同时，实施银行对账单的"双签"制度，即财务部门和审计部门的人员均需将核对无误后签字确认的银行对账单和银行存款余额调节表分别归档妥善保存。审计部门负责定期检查所有遵循"三重一大"原则的经济活动是否经过管理层的集体决策，并确认是否有相应的会议记录。

2. 主要风险

第一，由于对外投资项目可行性研究不充分，可能引发决策失误的风险，导致投资失败或资金损失。

第二，若对外投资未遵循规定的审批程序，可能因缺乏必要监管而引发不良投资的风险，损害学校利益。

第三，若对外投资合同未经严格审核，可能存在合同条款不利于资产保值增值的风险，甚至可能导致学校利益受损。

第四，缺乏科学有效的资产监管制度，可能导致资产流失、滥用或低效使用。

3. 措施及目标

第一，高校在确保日常运营和事业发展不受影响的前提下，可以根据国家相关法规进行对外投资。高校应加强对投资项目的可行性研究，实施风险管理和动态跟踪，并严格依照规定完成审批流程，确保投资决策的科学性和合理性。

第二，高校在对外投资时，应慎重选择投资项目，组织专家团队进行深入论证，并提交详尽的可行性研究和评估报告。投资决策需经过校党委的集体讨论，并形成书面决策记录。严禁个人擅自决定投资或更改集体决策。

第三，高校使用国有资产进行对外投资时，需先获得主管部门的批准，并报送给同级财政部门进行审批，确保投资行为符合相关法规和政策要求。

第四，对外投资合同应经过行业专家和法律顾问的严格审核，确保合同条款不损害学校利益，同时有利于国有资产的保值和增值。

第五，国有资产管理处应与财务处、资产经营公司等相关部门建立合作机制，统一审核国有资产的对外投资事宜，监控投资的运作情况，并负责风险控制和跟踪管理，确保国有资产的安全和有效使用。

第六，财务部门应遵循政府会计准则和制度，选用适当的会计处理方法，准确确认对外投资的初始成本，并合理核算投资收益以及被投资单位的股东权益，确保财务信息的真实性和准确性。

第七节　高校财务科研项目内部控制

一、科研项目概述

科研项目是指学校利用自有资金、政府拨款以及其他资金来源所承接的政府项目或与企事业单位合作的技术开发、咨询与服务等方面的科学研究和技术服务活动。

（一）科研项目的特点

首先，高校拥有完整的学科体系和深厚的学术积淀，为科技研究提供了强大的支持。这不仅有利于开展专业研究，也适合承担大型综合性和跨学科项目，成为国家科研体系的重要支柱。高校汇聚了众多高级人才和完备的研究设施，众多国家重点学科和重点实验室均设立在高校，为科研工作提供了优越的平台。高校的科研成果丰硕，直接提高了科技开发的质量，对国家的政治、经济、文化和教育发展产生了深远影响。

其次，高校的科研经费来源多样，政府拨款是纵向科研项目的主要资金来源，而横向项目经费则主要通过与企业和机构签订合同获得。国家对高校的科研投入种类繁多、资金庞大，且不追求利润，主要受到政府审计的监管。企业和机构为解决技术难题或提升经济效益，常常委托高校进行科研，这类项目具有委托性质，通常是有偿的，其审计工作一般由高校内部或社会审计机构负责。

最后，高校科研经费的使用具有明确的目的和范围，必须遵循专款专用的原则。在使用过程中，高校需严格遵循经费使用目标和方法，确保专款专用原则的落实，避免浪费、滥用或挪用资金。

（二）高校科研项目的分类

科研项目主要分为纵向和横向两种类型。纵向科研项目按照资金来源的不同级别，可分为国家级、省级、市级和校级，其资金主要来自中央或地方的财政资金。这些项目通常是由政府机关或学术组织公开发布通知，然后由学校的科研项目管理部门负责组织教职员工进行申报，最终获得立项。

横向科研项目则是基于合同执行的，涉及社会需求单位，如企业、公司、团体或个人，他们委托学校进行研究或协助研究。这些项目不属于政府计划内的科研项目，而是由学校的相关教学科研单位或教师承担研究任务。

二、科研项目内部控制的主要环节

科研管理主要涉及两个核心方面：项目管理和经费管理。项目管理涵盖科研项目的申报、批准、中期评审以及项目的最终完成或延期的管理；而经费管理则涉及资金的到账管理、预算制定及调整等关键步骤。为确保业务流程中风险的有效控制和应对，高校需采取一系列主动措施。

（一）科研项目申报立项

1. 基本要点

确保项目申报符合国家相关政策和高校发展规划，同时符合科研项目的方向和目标。项目选题应体现科学性、创造性和实用性，并与高校的学科优势和科研发展方向相契合。建立清晰的项目申报审批流程，包括项目建议书、可行性研究报告、预算编制等，确保申报资料的完整性和准确性。明确项目负责人的职责和权限，项目负责人须具备相应的学术水平和项目管理能力。组织专家对申报项目进行公正、客观的评审，确保项目的学术价值和实施可行性。

2. 主要风险

第一，项目申报通知传达不及时或信息不准确，可能导致科研人员错失申报机会。

第二，项目申报材料不完整或审核不严格，可能降低项目质量，影响立项数量。

第三，项目计划脱离实际或经费预算不合理，可能引发经费限制，增加项目延期的风险。

第四，横向科研项目合同签订不规范，可能导致经济损失和法律纠纷。

3. 措施及目标

第一，完善科研管理制度，明确科研项目申报的步骤和各环节责任。科研管理部门应设立专门职能科室，负责追踪和发布科研申报信息，确保通知的及时性；各二级单位应负责组织内部项目的申报和筛选，充分评估项目的创新性、科学性和可行性，提高项目申请质量。

第二，科研管理部门应组织校级项目评审，通过专家评审会优选推荐项目，并提供修改建议，确保项目材料在完整性、创新性、科学性和前瞻性上达到高标准。

第三，职能科室应严格审核项目计划书或合同，重点关注项目计划、预算和约定成果的真实性、合理性和可行性。

第四，强化对横向科研项目的立项审核，科研管理部门需严格审查合同的合法性、权利义务的明确性以及违约条款等，以维护学校的利益和安全性。

（二）科研项目中期考核

1. 基本要点

监控项目进度，确保项目按照计划进行，及时发现并解决项目执行中的问题。监督资金使用，确保合理合规，防止浪费和滥用。评估总结阶段性成果，确保质量和数量符合预期。识别、评估并控制风险，确保项目稳定运行。定期向学校科研管理部门汇报执行情况，提高管理透明度。实施内部审计，评估管理有效性和合规性，提出改进措施。规范管理和有效运行科研项目中期，提高成功率和管理水平。

2. 主要风险

第一，如果科研项目组在材料准备上不够齐全，可能会对项目的中期考核评价产生不利影响。

第二，如果科研项目未能按照项目任务书规定的进度完成，未能实现中期研究成果的目标，那么项目可能会面临延误或无法达到预期成果的风险。

第三，如果科研经费的使用不遵守规定，例如未经适当审批、超出批准的范围或标准，可能会导致科研经费被收回、后续资金支持被减少，甚至项目无法通过最终的验收。

3. 措施及目标

第一，职能科室有责任及时发布中期考核的通知，确保课题组有足够的时间准备相关材料。这些材料应包括项目的进展情况、研究成果的详细报告以及经费的到账和使用状况的明细。

第二，如果项目的实际进度和成果未达到既定目标，项目组应在中期考核报告中详细说明未完成的原因，并提出切实可行的改进措施及其实施计划。

第三，项目负责人需严格按照项目任务书或合同中的规定，合理且规范地使用科研经费。每一笔经费的使用都应经过规定的审批程序，并保留相关凭证。财务部门负责监督科研经费的使用情况，并定期向项目负责人提供经费执行情况的反馈。项目负责人应对经费支出的相关性、真实性、有效性和合理性承担全部责任。

（三）科研项目延期变更

1. 基本要点

项目负责人或团队因客观原因需延长项目执行期限时，应提前向学校科研管理部门提交书面延期申请，明确阐述延期的理由、期望的延期期限及其对项目可能产生的影响。学校科研管理部门应及时组织专家对延期申请进行公正、透明的评审，全面评估延期的合理性和必要性。同时，应详细记录批准的延期申请，包括延期的原因、期限以及审批结果。若延期导致项目预算发生变化，应及时进行预算调整，确保项目资金的合理使用。此外，根据批准的延期期限，需对项目进度计划进行相应调整，确保项目能够按照新的计划顺利进行。

2. 主要风险

若未能根据项目实际进展及时提交延期申请或申请准备不充分，可能导致变更请求无法通过外部审查和审批，进而对项目进度和成果产生不利影响。

3. 措施及目标

如项目无法在任务书或合同规定的期限内完成，项目负责人应尽早向项目监管机构和合同相对方提交延期申请。该申请应详尽阐述延期原因的合理性、延期的可行性、后续研究计划的详细安排以及经费使用的当前状况和未来计划。通过充分的沟通和准备，确保延期申请能够顺利通过审批，并尽量减少对项目进度和成果的影响。

（四）科研项目结题审批

1. 基本要点

当科研项目完成后，项目负责人需向学校科研管理部门递交结题申请，并附上结题报告及相应的成果材料。学校科研管理部门将组织科研专家团队对项目成果进行审核，全面评估成果的数量、质量及创新性，确保成果满足项目合同的要求。同时，财务部门将对项目资金使用情况进行审计，确保资金使用的合理性与合规性。基于成果审核与财务审计结果，学校科研管理部门将决定是否批准项目结题，并向项目负责人发出结题通知。高校将整理并归档项目的相关材料，包括但不限于项目申报书、合同、进度报告及成果材料等，以确保项目档案的完整性与可追溯性。此外，高校需重视项目的知识产权管理，包括专利申请、论文发表等，确保项目知识产权得到有效保护。同时，总结项目执行过程中的经验与教训，包括成功的案例与存在的问题，为学校未来科研项目管理提供有益借鉴。

2. 主要风险

若项目负责人提交的结题材料不完整或不充分，或项目经费未严格按照预算规定使用，可能导致项目评审不通过，进而影响项目的正常结题。

3. 措施及目标

第一，职能科室应及时发布项目结题通知，为项目组提供充足的准备时间，并对所需结题材料进行初步审核，协助项目组根据任务书及评审标准完善材料。

第二，财务管理部门应严格监管项目经费的使用，设立专门的项目经费账户，确保资金专款专用。在处理项目费用报销时，应遵循项目管理与预算安排的相关规定。如需调整预算，必须按照审批程序进行。在项目结题阶段，财务部门应协助项目组如实提供经费使用情况及分析。

（五）科研项目到款入账

1. 基本要点

科研项目资金到账后，财务部门应立即通知科研管理部门和项目负责人，确保各方对到款情况有清晰明确的了解。科研管理部门和财务部门需密切合作，核对到款金额与项目预算是否一致，以保障到账资金的准确性。财务部门应依据银行到款凭证，及时进行财务入账处理，详细记录到款金额、到款日期和资金来源等信息。同时，应建立健全内部控制制度，严格管理科研项目资金的到款入账、使用和报销等各个环节。

此外，应积极利用信息技术手段，如财务管理系统、科研项目管理系统等，提升资金到款入账的管理效率和准确性。

2. 主要风险

由于经费到账及认领信息的发布不及时，经费的认领过程出现延迟，这可能会影响到经费的使用进度要求，甚至影响项目的正常进行。

3. 措施及目标

财务管理部门的经办人员在接收到经费到账信息后，应迅速在校园网站或相关平台上发布经费认领通知，并确保通知中包含项目负责人的直接联系方式。项目负责人需根据要求填写到账经费分配使用表，并连同项目任务书一同按照既定程序进行审核。审核通过后，财务部门的经办人员应尽快办理入账手续，对需要外拨的资金则按照规定办理相应的转拨手续，以确保经费的及时有效使用。

（六）科研经费预算调整

1. 基本要点

明确预算调整的原因，如项目需求变化、实际支出超出预算、资金到账金额变动等，确保调整具有合理性和必要性。建立明确的预算调整程序，包括申请、审批、备案等环节，以保障预算调整的规范性和合规性。项目负责人或财务部门需提出预算调整申请，并详细阐述调整的理由、金额及潜在影响。根据学校内部管理规定，明确预算调整审批权限，确保审批过程公正透明。按照既定审批流程，将预算调整申请提交至有权限的审批部门或个人进行审批决策。审批通过后，及时通知项目负责人和财务部门，明确调整后的预算金额及执行要求。财务部门应准确记录预算调整情况，包括调整前后的预算金额、审批结果等，确保财务数据的准确性和完整性。

2. 主要风险

预算调整程序与条件不明确，可能导致调整缺乏依据，出现频繁或随意调整的情况。

3. 措施及目标

明确科研项目经费预算调整的流程与条件。科研管理部门与财务部门需加大对预算调整申请的审核力度，确保调整具有必要性、符合项目管理规定，且调整内容与金额合理。

（七）科研成果转化管理

1. 基本要点

识别并评估科研项目产生的科研成果，有效保护其知识产权，如专利、技术、软件、论文等。明确科研成果的商业化潜力和社会价值，制定科研成果转化策略与计划，包括技术转移、许可、合作开发和创业等途径。对科研成果转化过程进行跟踪管理，包括进度监控、成果评估、市场反馈等，为后续决策提供数据支持。

2. 主要风险

第一，未经学校允许，个人私自申请利用学校资源完成的发明创造或专有技术的专利，可能导致知识产权归属问题。

第二，专利转让未经第三方专业资产评估，可能导致其价值被低估，给学校带来经济损失。

3. 措施及目标

第一，明确职务成果归属。执行学校任务或主要利用学校资源完成的发明创造等被视为职务成果，其专利申请权及专利权归学校所有。未经学校授权，任何个人或单位不得擅自处置。

第二，建立知识产权保护机制。制定相关文件制度，明确专利转让的具体流程与要求。在签订转让合同时，合同条款需经严格审核与审批流程，并由第三方专业机构对专利价值进行评估。

第八节　高校财务内部控制信息与沟通机制

内部控制系统与风险评估密切相关，对于强化控制措施和构建风险预警体系至关重要。为了提高高校的控制效率，强化不同部门间的信息交流和协作变得尤为必要，特别是那些职责各异但相互依存的部门。借助先进的信息技术，高校能够确保内部控制措施得到有效实施，及时识别并预防潜在风险，实现对各类活动的全面监控和管理。

高校在遵循内部控制准则的基础上，应综合考虑自身的组织结构、业务流程和技术能力等多方面因素，制定全面的信息系统发展规划。同时，还需完善信息系统的运维流程，设立专业的管理职位，明确管理职责，以实现信息系统的集中化和统一管理。

高校应充分利用现代科技手段加强内部控制，将业务操作和控制流程融入信息系统之中，确保关键信息系统之间的高效连接、数据互通和业务协同。这样的措施能够降低或消除人为错误，提高工作效率和管理水平，促进透明度和廉政文化的建设，并增强业务数据处理及其结果的透明度和公正性。

在此基础上，高校还需定期对内部控制系统的有效性进行评估和审计，以确保其能够适应不断变化的业务环境和风险。同时，高校应加强对员工的培训和教育，提升他们的内部控制意识和能力，确保他们能够准确理解和有效执行内部控制措施。

总之，高校应持续优化内部控制体系，充分利用现代科技手段，提高信息流通和协作效率，从而有效防范和控制风险，保障学校的稳健发展。

一、信息系统的控制目标

为了确保信息系统的建设和软件开发的合规性，首要任务是遵守国家法律法规及监管要求，这是不可动摇的基础。同时，我们需严格遵循知识产权保护的法律规定，尊重并保护知识产权，以促进持续的创新发展。此外，信息系统的建设还需紧密贴合部门内部运营的业务需求，以提高工作效率和质量。

在信息系统开发过程中，我们必须确保实现既定目标，同时保障系统运行的安全与稳定。系统应具备良好的扩展性和集成能力，以适应不断变化的市场环境和业务需求。当系统遭遇故障时，应能迅速恢复，以保障业务的连续性和稳定性。

为确保故障恢复计划的完善性和可行性，我们需要制定具体、可操作的恢复计划，并定期进行演练和优化。此外，信息系统的运行必须确保可靠性、稳定性和安全性，以保障数据的完整性和准确性，防止数据泄露和损失。

总之，高校在信息系统建设和软件开发过程中，应全面考虑法律法规、业务需求、安全稳定、故障恢复和数据保护等多方面因素。这不仅是为了确保信息系统的健康发展，更是为了为高校的教学、科研和管理提供坚实的技术支持。同时，高校还应注重人才培养和技术更新，不断提高信息系统的建设和软件开发水平，推动高校信息化建设迈上新台阶。

二、信息系统控制职业分工及要求

高校应设立一个专门负责内部控制信息系统建设与管理的主管部门，通常这一职责由网络信息技术中心承担。网络信息技术中心的职责涵盖信息系统的开发、更新、运行和维护，确保将各项业务活动及其相应的内部控制流程和措施融入学校的整体信息管理系统中。

各职能部门应根据自身在信息系统中的角色，积极参与系统的建设与管理，并遵循网络信息技术中心制定的管理标准、规范和章程来执行、管理和运用信息系统。

网络信息技术中心需确保内部控制信息系统的稳定性与安全性，并根据实际需求进行持续的优化和升级。中心应根据内部控制的管理要求，制定系统的工作流程、信息管理制度以及各子系统的操作规范，并实时监控系统运行，以发现和解决潜在问题。此外，中心应运用包括防火墙、路由器在内的网络设备，以及漏洞扫描和病毒防护软件等技术，实施远程访问安全策略，强化网络安全，防止非法入侵和网络攻击。

网络信息技术中心还需建立严格的用户管理制度，对重要业务系统的访问权限进行精细管理，并定期审查系统用户账号，严禁不同职责的用户账号进行交叉操作。在系统的开发和变更过程中，应明确分离不相容的岗位或职责，如项目立项、审批、编程和测试等，同样在信息系统访问方面，也应确保申请、审批、操作和监控等不相容岗位的分离。

各部门应对其业务相关的信息系统进行管理，按照规定及时整理和归档信息，定期备份系统数据。同时，确保应用程序的正常运行，并监控其性能。此外，各部门需设计并实施测试方案，定期或不定期地对信息系统程序进行优化和升级。通过信息系统，各部门应能够迅速接收和处理其他部门的信息发布和传递，高效完成各自职责范围内的业务。

内部控制信息系统应实现预算、收支、采购、资产、建设项目、合同等业务信息和管理信息的集成与共享，覆盖全校范围，既满足单一业务的管理需求，也适应学校跨部门内部控制与风险评估的需要。该系统应促进内部信息的上传下达以及同级间的有效沟通，同时，也应注重与外部实体的信息交流。

三、信息与沟通内部控制设计

未来学家奈斯比特曾精辟地指出，未来的竞争将主要聚焦于管理层面，而管理的核心在于组织内部成员之间以及与外部组织之间的有效沟通。管理决策的制定离不开对信息的全面把握，因此，对于管理者而言，获取和传递信息、建立有效的信息通道至关重要。

在组织管理过程中，管理者必须采取有效的方式识别和获取准确的信息，并确保这些信息在组织内部得到及时、有效的沟通。这样，员工才能充分了解管理背景，掌握组织战略，从而高效地履行管理职责。同时，通过信息交流，员工应能够获取执行控制责任所需的信息，并自觉地遵守内部控制制度。

从内部控制的角度出发，结合高校在信息与沟通控制方面的实际情况，我们可以从以下四个方面进行内部控制设计：建立和完善信息沟通机制；加强信息技术的应用；增强员工信息素养和内部控制意识；建立健全内部控制制度。

（一）建立和完善信息沟通机制

高校应建立一套完善的信息沟通机制，以确保信息在组织内部顺畅流通。这包括明确信息流通的渠道、方式和频率，以及建立有效的信息反馈机制，从而确保信息的准确性和及时性。

根据高校管理的实际情况，对现有的信息与沟通方式进行梳理和整合，设计出高效的信息与沟通整体框架。在这个框架中，上级机关、学生、教师、家长、用人单位及其他利益相关方可以向由校长办公室领导的信息沟通委员会提出他们的意见、建议和要求。该委员会负责收集和汇总这些反馈，并在向党委会汇报并获得批准后，将相关信息及时、准确地反馈给相关人员。

信息沟通委员会应定期召开会议，邀请各处室负责人参加，以汇总和交流信息，并将重要信息上报给党委会。这样的机制有助于确保信息的透明度和流通性，使各方的声音都能被听到并得到及时响应。

对于领导干部的举报等问题，学校纪检、监察部门会进行调查，并将调查结果向党委汇报。在党委批准后，通过组织部门将结果反馈给举报人或情况反映者。这种做法保障了举报处理的公正性和透明度。

财务部门在披露财务信息时，必须经过审计处的审核和监督，然后提交给党委会。在党委会批准后，财务信息才会被披露给相关机构。这样的流程确保了财务信息的准确性和合规性。

因此，基于学校现有机构，由校长办公室牵头设立的信息沟通委员会成为学校信息与沟通的核心枢纽，为各利益相关方提供了一个信息交流和沟通的平台。财务信息经过审计处的监督，党的领导干部信息通过纪检、监察部门的监督，这些措施共同确保了信息的客观性和真实性。通过这一内部控制设计，学校能够更有效地管理信息流，促进各方的沟通与合作，为学校的决策提供有力支持。

（二）信息与沟通中枢

在信息技术日新月异的今天，信息和沟通对于现代组织的存续与发展具有举足轻重的地位。为了适应这一趋势，学校决定成立以学校办公室为核心的信息沟通委员会，专门负责处理信息与沟通事务，确保在组织中畅通无阻地上传下达各类信息，成为学校信息交流的核心枢纽和平台。其主要职责是协助学校领导在信息传递、整合和交流方面发挥关键作用，保障信息在组织内部的高效流通。

此外，信息沟通委员会还能够承担类似国外大学院校研究机构（如 The Office of Institutional Research）的某些功能。通过对学校内部和外部机构提供的信息报告进行深度分析，委员会能够为校级管理层提供定量和定性的信息汇总与分析报告。这些报告将为学校领导层提供有力支持，助力他们做出更为明智的决策，推动学校管理水平迈向新高度。

为了更好地履行这些职责，信息沟通委员会需要运用先进的数据分析技术和工具，对收集到的信息进行高效处理和智能分析。同时，学校应加强对委员会成员的专业培训和教育，提升他们的信息分析能力和沟通技巧，确保他们能够有效地胜任信息沟通工作。

通过这些举措，学校将实现高效的信息交流，促进各部门之间的紧密协作，为教学、科研和管理活动提供坚实的支持。同时，学校应持续优化信息沟通机制，提高信息交流的效率和质量，推动学校信息化建设不断向前发展。

此外，前文提及的"设置决策缓冲机构"中，大学教授会、规划委员会等机构不仅负责决策和解决复杂问题，还作为学校信息交流和沟通的辅助中心发挥着重要作用。这些机构为学校发展过程中出现的问题提供了一个交流平台，既是教职员工参与学校管理的重要渠道，也是汇集信息的"非官方"中心。这些辅助中心与"官方"的信息沟通委员会共同构成了学校信息与沟通网络的核心。

这些辅助中心能够在"官方"信息沟通渠道之外，提供一个更加灵活、自由的交流空间，激发教职员工更加积极地参与到学校管理中来。通过这些机构，学校管理层能够更全面地了解基层的意见和需求，从而做出更加符合实际、贴近需求的决策。

为了更好地发挥这些辅助中心的作用，学校应鼓励教职员工积极参与，并提供必要的支持和资源。同时，学校应定期对这些机构进行评估和调整，以确保其能够适应学校发展的需要，为学校的信息与沟通工作提供持续、有效的支持。

通过这样的设置和布局，学校将建立起一个多层次、全方位的信息与沟通网络，为学校的教学、科研和管理活动提供强有力的支持。同时，学校应持续优化信息沟通机制，提高信息交流的效率和质量，推动学校信息化建设不断迈上新台阶。

（三）内部的信息与沟通方式

高校应加强对员工的信息素养和内部控制意识的培训，确保他们正确理解和执行与信息系统相关的管理要求。这包括定期举办培训活动，提升员工对信息系统的操作能力，并强化他们对内部控制的重视程度。在高等教育机构中，教师素质、教学水平以及研究资金的获取能力，都是决定学校办学水平的关键因素。教师作为教育工作的主要执行者，对民主管理的需求尤为深刻。因此，高校管理者应通过正式且人性化的沟通渠道，深入了解教师和学生的需求与内心感受。

例如，校级管理者可以定期走访各职能部门和二级学院，参加新学年、新教师、新生的见面会，以及参与教授联谊会等活动，与教师和学生进行面对面的交流，以增进情感联系，传达学校愿景，宣传办学理念。

同时，教师也应积极参与学生座谈会等活动，以了解学生的教学需求和想法，从而更好地指导教学活动，提高教学质量。各部门之间应定期举行横向沟通会和纵向管理部门的联席会议，加强部门间的沟通与协作，提高工作效率。

此外，高校可设立专门的机构负责师生信息的交流与沟通工作，并定期将收集到的信息反馈给学校领导。学校领导应及时对收集到的信息给予答复，确保信息的及时反馈和问题的有效解决。

这些有益、有效的沟通方式，有助于实现信息的有效交流，增进彼此了解，提高学校管理的透明度和效率，从而推动学校整体办学水平的提高。

建立公开、透明的信息披露机制是确保内部信息流畅和沟通有效的关键。通过向公众披露管理事项、管理办法和管理结果，可以最大限度地提高管理行为的透明度，使学校及其相关行为人接受来自各方的监督。这有助于防止任何形式的徇私舞弊行为，保护国家和学校的利益。

实施人性化和细致化的信息与沟通策略，不仅能推动高校民主化进程，还能营造积极向上的学校文化。这种文化鼓励学校成员之间的相互理解和共识，有助于化解矛盾，促进团结协作。当学校成员能够齐心协力、相互理解时，学校便能更有效地实现其办学目标。

为实现这一目标，学校可采取多种措施，如定期举办开放日，让公众了解学校的管理和运营情况；建立在线平台，发布重要信息和决策过程；鼓励教师和学生参与学校政策的制定和审议。这些举措能够确保信息的透明度，增强学校的公信力，促进学校成员的积极参与和共同发展。

（四）外部的信息与沟通方式

高校作为教育机构和知识创新的中心，同时也是满足社会需求的重要服务提供者。尽管政府已加大对教育的资金投入，但高校的运营成本和经费支出也在持续增长。因此，学校需积极与校外各界建立交流渠道，获取多元信息，争取更多科研资助，以扩大其社会影响力。同时，通过及时了解环境变化趋势，学校能够预见并防范潜在风险，确保战略目标的顺利实现。

例如，学校可以定期与所在地的地方政府进行沟通交流，以建立良好的合作关系；向学生家长发放调查问卷，收集他们对学校的意见和建议；对毕业生进行回访，了解他们的职业发展情况，并寻求可能的合作机会；建立校友联谊会，作为学校与社会之间的桥梁，通过校庆活动等方式联络社会各界人士。

广泛而主动地开展对外信息交流和沟通，不仅有助于学校敏锐地捕捉社会信息，还有助于学校获取更多的社会资源，进一步提升其社会影响力。

信息与沟通控制在高校发展中的作用和意义不容忽视。学校应充分认识到信息与沟通的重要性，提高对建立高效信息与沟通机制价值的认识，以积极的态度对待信息与沟通工作。相关部门应认真履行信息与沟通的职责，真诚地对待那些提出意见和需要了解信息的人，确保信息的准确性和及时性。通过这些措施，学校将能够更好地适应社会变化，提高管理效率，促进学校的可持续发展。

第五章

高校财务内部控制与规划的评价与审计监督

　　内部控制评价及监督涉及高校对自身管理机制的定期或不定期的审视。这包括单位及业务层面内控系统的建立与执行状况、关键岗位和人员的配置情况的自查与评价。其主要目的在于及时识别内控体系中的不足，并提出相应的改善建议。该过程应紧密围绕推动学校事业持续健康发展的核心目标，以增强内控系统的完整性和功效为根本，充分利用内控评价报告及监督意见来优化内控实践。

　　内部控制评价与监督主要分为两个层面。一方面，高校自行开展内部控制评价，旨在检查并评估单位内部控制机制的建立和执行情况，识别其中存在的问题或不足，并提出改进建议，最终形成评价报告。另一方面，内部控制监督涉及多个方面，包括教育、财政、审计、纪检监察机关以及高校自身的审计与监察机构。狭义上讲，这主要指的是高校内部审计与监察部门的监督工作，这也是本书所关注的内容。

第一节　内部控制评价与监督的组织

一、组织设置及职责

高校应根据本校的内部机构设置及财务实际情况，科学、合理地规划内部控制评价与监督的组织机构和岗位分配。

（一）评价与监督牵头部门

高校内部控制评价与监督工作的具体组织实施工作由牵头部门负责。牵头部门是在内部控制领导小组的指导下的核心执行部门，通常由高校审计部门担任。为确保评价与监督工作的独立性和客观性，负责内部控制建设及评价监督的校内部门应保持适当的独立性，避免职责重叠。此外，为学校提供内部控制建设或审计服务的外部中介机构，不应再承担内部控制评价的职责。

牵头部门的职责包括以下几点。①建立一套全面的内部控制监督检查机制，并确保其独立运行。组织建立、执行、检查与评估内部控制，保障内部控制体系的完整性和执行力度。②制定和完善内部控制评价和监督的内容及标准，拟定工作方案，并提交给单位内部控制领导小组审议。③指导并实施具体的评价与监督活动，确保相关部门的有效参与和配合。④对检查评估中发现的问题和潜在风险，及时提出处理意见和建议。⑤向内部控制领导小组汇报评价与监督的报告，并督促相关部门执行整改措施。⑥协助主管部门和外部监督、审计机构完成内部控制评价与监督任务，针对问题提出解决方案并督促落实。⑦承担内部控制评价与监督的其他相关职责。

（二）内部控制评价与监督工作小组

高校内部控制评价与监督工作小组是一个临时机构，由纪检监察、内部审计、行政办公、人事、财务、资产等主要业务部门组成，负责承担关键职责。

该小组的主要职责任务包括：①制定和完善内部控制评价与监督的工作方案；②根据方案执行内部控制评价与监督的具体工作；③审议并确认内部控制评价与监督的成果；④协同编制内部控制评价与监督工作的报告；⑤向内部控制领导小组汇报评价与监督的工作进展和结果；⑥监督并审查单位内部控制存在问题的整改实施情况。

通过这些职责的履行，内部控制评价与监督工作小组确保高校内部控制体系的完整性、有效性和持续改进。

二、组织工作要求

高校应遵循每年至少进行一次全面内部控制评价的原则，设定评价工作的基准日和预定完成日期，并据此编制内部控制评价报告。例如，若选择 12 月 31 日作为评价基准日，则应在次年的 6 月 30 日之前完成评价，并编制相应的内部控制评价报告。

高校内部控制监督通常涵盖两个方面：常规的日常监督和针对性的专项监督。日常监督是嵌入单位日常业务管理中的持续监控活动；而专项监督则通过内部控制审计、专项审计、特定检查等方式实施，也可以与其他审计或检查活动相结合，以灵活的方式开展相关工作。

为确保内部控制的持续性和有效性，内部控制评价与监督部门需每年制定详尽的监督检查工作计划。该计划应具体阐述日常监督的要求，并明确专项监督检查的时间安排、检查内容、实施形式以及组织架构等关键要素，包括但不限于支出、政府采购、关键岗位履职情况以及内部控制信息系统的运行状况等。

高校的内部控制评价与监督工作通常由内部审计部门和纪检监察机关负责牵头组织，并可根据实际需求，聘请具备良好资质和声誉的中介服务机构来协助执行相关工作。

同时，高校应积极欢迎并主动配合行政主管部门、财政、审计、巡视、纪检监察等外部监管机构对内部控制进行检查。在此过程中，高校应真实、全面地展示其内部控制体系的建设和执行情况，以确保透明度和公信力。

第二节　内部控制评价概述

内部控制评价可根据评价主体的不同划分为外部评价和自我评价。在此，我们特指的内部控制评价是学校对其自身内部控制体系的建立与执行效果进行自我评估的活动。这一过程涉及对内部控制有效性的全面审查，旨在形成评价结论并编制评价报告。

一、内部控制评价的概念和范围

（一）概念

内部控制自我评价是学校管理层为了解内部控制设计的合理性及其运行成效而开展的活动。它旨在降低运营风险并提高管理效率。内部审计人员通过运用专业的评价方法，定期或根据需要不定期地对内部控制的各个要素进行评估和研究。他们提出改进建议，制定评价报告，并将识别出的内部控制缺陷反馈给相关部门进行整改。这是一个持续循环的改进过程，确保内部控制不断完善和优化。

（二）范围

审计处承担着对学校内部控制体系进行评价的任务，这包括评估内部控制的恰当性和有效性，并据此编制学校的内部控制自我评价报告。在评价过程中，若发现任何问题或缺陷，审计处将提出针对性的内部控制改进意见和建议。

内部控制自我评价主要涵盖两个层面：一是内部控制建立的有效性，即评估控制措施的设计是否适当，是否关注内部控制建设的合法合规性、全面性、重要性和适应性；二是内部控制执行的有效性，涉及内部控制措施在实际业务操作中是否得到有效实施。该指标主要侧重于业务层面内部控制，关注业务控制在监督检查期内如何运行、业务控制是否得到持续一致的执行、内部控制机制（含内部管理制度、岗位责任制等）是否得到有效执行、执行业务控制的人员是否具备必要的权限和能力。通过这样的评价，学校能够确保内部控制体系持续符合管理目标和降低风险的需求。[①]

二、内部控制评价原则

在进行内部控制评价时，应遵守全面性原则、一致性原则、风险导向原则、及时性原则和成本效益原则。

首先，全面性原则要求对学校管理的所有方面进行综合评价，涵盖学校管理的整个流程以及所有部门、业务和岗位。这包括但不限于教学、科研、行政管理、财务等各个方面。全面性原则的目的是确保所有业务流程都在有效控制之下，减少内部控制评价的盲点。

其次，一致性原则强调在评价过程中，应确保评价的准则、范围、程序和方法等保持一致，以确保评价结果的客观性和可比性。

再次，风险导向原则指出评价应根据风险和控制的具体情况确定关注重点。评价应特别关注关键区域、业务和流程，即风险较高的领域，

① 财政部会计资格评价中心.高级会计实务［M］.北京：经济科学出版社，2019：149.

从而识别和评估风险，并更具针对性地设计内部控制措施，以提高控制效率。

从次，及时性原则要求内部控制评价应定期进行，并在管理环境发生重大变化时，如政策调整、组织架构变化等，及时重新评价。这一原则确保内部控制系统能够适应变化，保持其有效性。

最后，成本效益原则强调在设计和执行内部控制评价时，应考虑成本因素，确保评价的经济性。这一原则要求内部控制评价应在合理的成本范围内实现科学有效的评价结果，避免浪费。

三、内部控制缺陷的认定

学校进行内部控制评价的核心工作之一是识别内部控制缺陷，并采取针对性的整改措施。内部控制缺陷的认定对于评价的成效至关重要，且由于具有一定的复杂性，这要求评价人员运用专业的判断能力。对于内部控制缺陷的分类和认定标准，需要依据相关规范和实际情况进行。

（一）内部控制缺陷的分类

第一，根据内部控制缺陷的成因或来源，可以将其分为两大类：设计缺陷和执行缺陷。设计缺陷是指学校为实现特定控制目标而缺乏必要的控制措施，或者现有的控制措施设计不当，即使在正常运作下也难以达到控制目标。执行缺陷则是指那些设计上合理且适当的内部控制，由于执行不力（包括执行人员不当、未遵循设计要求、执行时间或频率不正确、未能持续有效执行等情况）而产生的内部控制缺陷。

第二，根据内部控制缺陷对学校实现控制目标的影响程度，可以将其分为三类：重大缺陷、重要缺陷和一般缺陷。重大缺陷是指一个或多个控制缺陷的组合，可能导致学校严重偏离控制目标。在存在任何重大缺陷的情况下，内部控制评价报告应明确指出内部控制在相关期间存在重大缺陷。重要缺陷是指那些严重程度低于重大缺陷，但仍有可能导致学校偏离控制目标的控制缺陷组合。重要缺陷虽不至于严重影响内部控制的整体有效性，但仍应引起管理层的高度关注。一般缺陷则指除了重大缺陷和重要缺陷之外的其他控制缺陷。通常，如果学校存在重大缺陷，就不能认为其内部控制整体有效。[①]

（二）内部控制缺陷的认定标准

内部控制缺陷的认定标准应综合考虑缺陷的重要性和影响程度，这些重要性和影响程度是相对于内部控制目标而言的。根据对财务报告目标和其他内部控制目标实现的具体影响，可以将内部控制缺陷分为财务报告内部控制缺陷和非财务报告内部控制缺陷。[②]

财务报告内部控制缺陷的认定标准主要基于财务报告可靠性的保证。因此，财务报告内部控制缺陷涉及无法确保财务报告可靠性的内部控制设计和执行上的不足。认定财务报告内部控制缺陷的关键标准在于评估该缺陷导致财务报告出现错误的可能性及重要程度。这种重要程度体现在缺陷是否有可能使得学校的内部控制无法及时阻止或检测并纠正财务报告中的重大错误。确定这种可能性是否合理，需要评价人员运用专业的判断能力。

此外，以下情形通常表明财务报告内部控制可能存在重大缺陷：高校高级管理人员涉及舞弊行为或存在重大违规行为；学校需要对已发布的财务报告进行重大更正；外部审计在当期财务报告中发现重大错报，而内部控制在执行过程中未能及时察觉并纠正该错报；学校对内部控制的监督机制无效或存在重大缺陷。这些情况均指向内部控制体系的潜在重大缺陷，需要予以高度重视和及时整改。[③]

非财务报告内部控制的认定标准涉及对财务报告目标以外的其他目标的内部控制，包括战略目标、资产安全、经营目标和合规目标等。这些目标应作为学校内部控制评价的关键组成部分。

非财务报告内部控制缺陷的认定较为复杂，涉及范围广泛，难度较大。

① 安瑛晖，刘思偲.内部控制的价值主张与实现 不同视角下的普遍意义与银行个例 [M].北京：中国金融出版社，2021：98.

② 郝建国，陈胜华，王秋红.行政事业单位内部控制规范实际操作范本 [M].北京：中国市场出版社，2015：140-145.

③ 王秀果.谈企业内部控制评价的组织实施 [J].当代经济，2012（20）：75-77.

高校可以依据风险评估的结果，参照《教育部直属高校经济活动内部控制指南》中的相关指引所列示的风险点，结合自身的实际情况、管理现状和发展需求，对这些风险点进行细化或根据内部控制原则进行补充，从而合理地设定定性及定量的认定标准。

此外，以下情况通常表明非财务报告内部控制可能存在重大缺陷：学校在决策过程中缺乏民主机制，如缺少"三重一大"决策程序；学校的决策程序不科学，导致决策失误；违反国家法律法规，如贪污受贿行为；管理人员或技术人员大量流失；媒体频繁报道学校的负面新闻；内部控制评价的结果，尤其是重大或重要缺陷，未得到及时整改；重要业务缺乏有效的制度控制或制度系统性失效，导致业务风险增加。这些情况均可能指向内部控制体系的重大缺陷，需要学校的高度关注和及时处理。

为避免操纵内部控制评价报告，内部控制缺陷认定标准一经确定，必须在不同评价期间保持一致，不得随意变更。如需变更，应经过适当的程序和审批，并对外披露变更的原因和影响。

四、内部控制评价程序

内部控制的年度检查评价通常包括评价准备、评价实施、评价反馈、抽查与复核，以及评价报告形成五个阶段。

（一）评价准备

学校审计部门在制定年度和专项内部控制检查评价工作计划时，应根据上级管理部门的要求和学校的实际情况。该计划应确保至少每年进行一次自我评价，并在次年的 6 月之前完成。若学校发生重大变化，如外部环境变化或内部部门职责、流程、关键岗位的重大调整，应相应增加自我评价的频率。计划需提交学校内部控制建设工作领导小组审批。

根据批准的计划，审计部门应结合学校的整体控制目标，制定具体的实施方案，并经分管领导批准后执行。各部门据此对职责范围内的内部控制进行自我检查和评价。实施方案应至少包含以下内容：明确评价目的和范围，确保评价活动覆盖所有关键业务领域和流程；基于风险导向原则，确定关键业务单元、业务领域或流程环节；成立专门评价小组，由各部门具备专业知识和经验的业务骨干组成，负责本部门或学校层面的内部控制自我评价；制定详细的评价时间安排、规范标准和工作底稿要求，确保评价工作有序进行；审计部门负责对内部控制自我评价的抽查、复核，必要时可聘请业务或管理领域的专家参与。通过这种方式，学校能够确保内部控制自我评价的全面性和有效性，从而提升整体管理水平和风险防控能力。[①]

（二）评价实施

评价小组应按照学校批准的评价方案，依据既定内容和要求，对各部门职责范围内的内部控制进行自我检查和评价。在评价过程中，评价小组应选用适当的评价方法，进行必要的测试，收集充分、相关且可靠的证据，以评估内部控制的有效性。所有评价活动均应形成书面记录，确认并记录存在的内部控制缺陷和不足之处。

（三）评价反馈

评价小组成员承担着执行评价任务的责任，应真实记录和反映自我评价的全过程，编制工作底稿、自我评价报告以及管理优化或改进方案。完成后，这些文档需经各部门负责人审核并签署，提交给审计部门。

（四）抽查和复核

审计部门根据学校内部控制建设工作领导小组的授权，对各部门提交的自我评价工作底稿和评价报告进行抽查与复核，以确保其真实性和合理性。

---

① 郝建国，陈胜华，王秋红.行政事业单位内部控制规范实际操作范本［M］.北京：中国市场出版社，2015：115.

（五）评价报告形成

审计部门在完成对各部门提交的自我评价工作底稿和评价报告的抽查与复核后，应汇总各部门的内部控制自我评价结果，包括识别的缺陷、改进计划及措施。在此基础上，审计部门综合评估学校整体内部控制的有效性，并编制学校内部控制评价报告，提交给学校内部控制建设工作领导小组审议。该评价报告应包含以下内容：学校负责人的真实性声明，确保报告内容的真实、准确、完整，并对报告的真实性承担责任；评价工作的总体概况，包括评价目的、重要性、时间安排、参与部门和人员；评价依据的法律法规、政策文件、行业标准等；评价范围，包括覆盖的部门、业务流程、时间跨度；评价过程中采用的具体程序、方法和技术；识别的重大风险及其性质和可能产生的影响；针对重大风险的整改计划和拟采取的控制措施；以及基于评价结果对学校内部控制总体有效性的结论和建议。

第三节 内部控制评价的实施

一、内部控制评价工作重点

高校应结合本单位实际情况，在内部控制评价实施的过程中，重点关注流程和制度设计的合理性以及流程和制度执行的有效性。

（一）流程和制度设计的合理性

内部控制评价过程在评价过程中，流程和制度的合理性首先需要明确内部控制的目标，包括资产的安全、确保财务报告的可靠性、促进提高运行效率、遵守相关法律法规等；考虑评价过程中内部控制流程和制度的设计需要全面覆盖企业的各个运营活动，包括财务、运营、合规和风险管理等，确保企业全面受控、无死角；建立合理、高效的内部控制流程，能够提高企业的运营效率，降低成本，提升企业的经济效益；内部控制制度应具有一定的灵活性，能够根据企业的外部环境和内部条件的变化进行相应的调整，以适应新的经营要求。①

（二）流程和制度执行的有效性

内部控制评价流程和制度执行的有效性是指内部控制体系在实际运作的过程中能否达到预期的目标。评价内部控制评价体系的流程和制度设计需要覆盖所有重要流程和风险点，并且能够及时识别和应对新出现的风险；各项业务活动严格按照既定的流程设计进行规范操作，以及管理层应该对内部控制执行进行监督和复核；建立持续改进内部控制的机制，灵活应对实际操作与流程文档之间的差异，识别、评估、报告和纠正内部控制缺陷，定期审查和更新内部控制体系。②

在审查执行过程中文档记录的完整性和可靠性时，应验证每个业务控制环节，确保实际操作与流程图、流程描述以及风险控制文档的内容相符。同时，确保业务活动所遵循的流程和控制具有完备且可靠的文档记录，并保留控制实施的证据。为了验证业务控制流程设计及其执行的一致性，应从业务发起阶段开始，选取一定数量的样本，全面评估业务申请、审批、执行、过程记录、款项收付和财务处理等全过程，以确保业务控制流程的设计与执行保持一致。

二、内部控制评价方法

为确保评价的全面性和准确性，应根据不同的评价项目选择一种或多种合适的评价方法，以获取充分、相关且可靠的证据来评估内部控制的有效性，并确保所有活动都有书面记录。主要的评价方法包括个别访谈法、

---

① 吴龚.医疗卫生机构内部审计精细化管理［M］.北京：企业管理出版社，2016：156.

② 文革，韦秀长，梁锡文.中国联通内部控制评审建设的做法和启示.财务与会计（综合版），2008（13）：14-16.

调查问卷法、穿行测试法、抽样法、实地查验法、比较分析法、专题讨论法等，[①] 以下将具体介绍评价方法的使用范围及基本要点。

个别访谈法适用于了解学校内部控制的当前状况，特别是在对学校层面和业务层面的初步了解阶段。进行访谈前，应基于内部控制评价的需求准备访谈提纲，并详细记录访谈内容。

调查问卷法主要应用于学校层面的评价。应尽量广泛地发放问卷，涵盖学校各层级员工。在实施过程中，应注意保密性，并设计简单易答的问题（如"是""否""有""没有"等）。[②]

穿行测试法是一种通过追踪交易在内部控制流程中的全过程来评估控制措施有效性的方法。它涉及在内部控制流程中随机选取一个项目作为样本，并追踪该交易从初始阶段直至在财务报表或其他业务管理报告中呈现的整个过程。这种方法旨在了解控制措施设计的有效性，并识别出关键的控制点。

抽样法分为随机抽样和其他抽样。随机抽样是依据随机原则，从样本库中抽取一定数量的样本；而其他抽样则是根据特定标准或人工选择，从样本库中抽取一定数量的样本。抽样方法的选择应根据评价项目的特点和需求来确定。

实地查验法主要应用于业务层面的控制测试，它通过使用标准化的测试工作表，与实际的业务和财务单证进行核对，以验证控制的有效性。例如，在资产控制方面，可以进行实地盘点以确认资产的实际数量和状况。

比较分析法是一种通过数据分析来识别评价关注点的方法。它可以将数据与历史数据、行业标准数据或最优数据进行比较，以揭示潜在的问题或改进机会。

专题讨论法是指召集相关领域的专业人员，共同对内部控制执行情况或控制问题进行分析的方法。这种方法不仅是控制评价的一种手段，同时也是制定缺陷整改方案的途径。

除此之外，还可以采用观察法、重新执行法以及信息系统开发检查方法，或利用实际工作和检查测试的经验。对于学校通过系统实施的自动控

① 刘继伟.高等学校内部控制研究［M］.大连：东北财经大学出版社，2015：109.

② 宋建波.内部控制与风险管理（第3版）［M］.北京：中国人民大学出版社，2022：154.

制和预防控制，应特别注意这些方法与人工控制和发现性控制之间的区别，确保评价方法的适用性和有效性。

三、内部控制评价要素

高校内部控制的评价要素主要涵盖单位层面要素和业务层面要素两个方面。单位层面要素主要从整体角度描述内部控制的运行机制。业务层面要素主要从业务入手分析流程中的风险和管控措施。[①]内部控制评价是在学校内部控制建设领导小组的统一领导下，由审计部门牵头实施。评价过程严格遵循行政事业单位内部控制基础性评价指标评分表及填表说明，以量化评价为导向，综合运用多选加分法、多选扣分法、单选得分法等评分方法，对学校内部控制制度的完整性和制衡性、执行的效率效果进行全面、客观、公正的评价。

内部控制评价要素及分值分布如表 5.1 所示。

表5.1　内部控制评价要素及分值分布

指标类别	评价要素	分　值
单位层面	① 内部控制建设启动情况	14
	② 单位主要负责人承担内部控制建立与实施责任情况	6
	③ 对权力运行的制约情况	8
	④ 内部控制制度完备情况	16
	⑤ 不相容岗位与职责分离控制情况	6
	⑥ 内部控制管理信息系统功能覆盖情况	10
业务层面	⑦ 预算业务管理控制情况	7
	⑧ 收支业务管理控制情况	6
	⑨ 政府采购业务管理控制情况	7
	⑩ 资产管理控制情况	6
	⑪ 建设项目管理控制情况	8
	⑫ 合同管理控制情况	6

① 李福志. 探究学校财务审计 防范财务风险的具体对策［J］. 记者观察（上），2018（3）：2.

第四节 内部控制的审计监督

在高校的日常运作中，确保合规性和高效性是至关重要的。为了达到这些目标，高校需要接受来自校外和校内的双重监督。

外部监督主要由上级管理部门、社会公众和审计机构组成，它们通过政策指导、公众舆论和独立审计等方式对高校的运行进行监督，确保高校遵守法律法规，符合国家和社会对高等教育机构的标准。

同时，内部监督也是确保高校良好运行的关键。学校内部的各类委员会、内部审计机构以及纪检、监察等机构共同构成了内部监督体系。这些机构通过定期检查、评估和审计，监督学校各项决策和活动的合规性、效率和效果。内部监督不仅有助于发现问题、预防和纠正违规行为，还能够提高内部管理的透明度和责任感，促进学校的自我完善和发展。[①]

一、内部控制审计监督概述

内部控制审计监督是高校全面的质量保障体系，它对于维护高校的正常教学秩序和科研环境、保障学生的权益、提高教育质量具有重要意义，同时也为高校更好地服务于国家和社会的发展需求提供了保障。

（一）定义

内部控制审计监督是指高校内部审计机构对学校内部控制的设计合理性和运行有效性进行审查和评价，并编制监督报告，提出相应的评价和建议。内部控制系统作为高校管理的一部分，监督作为其关键环节，确保系统能够有效运作。内部控制是一个全面的、由专业人员负责的设计、评估、

① 陈竹.高校内部控制分析与设计［M］.北京：兵器工业出版社，2005：89.

监督和反馈过程，以确保整个系统的有效性。监督则是对内部控制的设计、运行和修正的评价活动，是系统不可或缺的组成部分。

（二）特点

高校内部控制审计监督与外部监督相比具有以下特点：由于内部监督人员大多来自学校内部，因此他们更熟悉高校内部控制的实际情况；他们更了解学校的发展目标以及内部控制风险点；内部控制系统更为全面，能够深化监督评价体系；学校选择内部控制的审计监督的方法、范围和频率时，会充分考虑学校的实际财务情况。在日常监督中，会选择重点业务和重要的经济事项作为审查对象，并根据全面监督检查原则，确保高校每年至少进行一次审计监督。

二、内部控制审计监督程序

内部控制审计监督程序可分为计划准备、实施、终结三个环节，具体包括编制方案、组成工作小组、实施现场审查、认定控制缺陷、汇总审计结果、编制审计监督报告等步骤。

（一）计划准备环节

内部审计部门需根据年度审计工作计划和特定项目要求，明确内部控制审计监督的项目，并制定详细的审计方案。根据审计项目的性质、特点和具体审计目标，内部审计部门应选拔合适的审计人员组成审计小组，并指定审计组长。如有需要，高校内部审计部门也可考虑委托外部中介机构协助执行审计项目。

审计小组将根据审计目的，确定审计重点、工作进度和时间安排、小组成员的分工以及采用的审计方法。在确定内部控制审计的内容和重点时，审计人员应参考学校的内部控制自我评价报告。审计项目的工作计划需经内部审计部门负责人审核批准，对于重要事项还需报经学校相关领导审批。

在对预定项目实施审计前，内部审计部门应向被审计单位发出审计通知书，明确审计时间、要求和目的。

（二）审计实施环节

审计人员需采用多种审计方法，如访谈、问卷调查、专题讨论、穿行测试、实地查验、抽样和比较分析等，以充分收集被审计单位内部控制设计和运行是否有效的证据。被审计单位应根据审计通知要求准备并提供相应的审计资料。

在开展现场审计过程中，审计人员应遵循内部审计准则等制度要求，对收集到的审计证据进行仔细分析、鉴定，确认其相关性、重要性和可靠性。他们将把这些证据资料整理成完整、详细且能充分说明审计事项的工作底稿，并据此形成初步审计结论。

现场审计结束后，审计人员应与被审计单位的相关人员进行充分沟通，对存在异议的问题进行及时、深入的现场核实。

（三）终结环节

审计小组在完成现场工作后，应及时编制审计报告的初步版本，并对报告的公正性、客观性和合法性负责。审计报告经分管校领导审核通过后，应送达被审计单位征求意见。

审计小组需对被审计单位提出的意见进行认真研究、核实，并在必要时根据这些意见对原审计报告进行相应修改。修改后的审计报告需经规定程序审批后，正式签发。

签发审计报告后，学校内部审计部门应对被审计单位执行审计意见和建议的情况进行后续审计，以确保被审计单位及时纠正错误和改进工作。若被审计单位未按期执行审计决定，内部审计部门有权向学校有关部门提出处理建议，并建议对责任人进行相应的处罚。

三、内部控制审计监督风险点及控制措施

（一）审计监督风险点

内部控制审计中可能出现的常见风险包括：未制定或未制定满足需求的内部控制审计计划；审计小组成员缺乏职业胜任能力和独立性；审计工作方案未能满足项目需求和实际情况；难以获得充分且适当的审计证据以支撑审计结论，存在审计风险；审计报告未能全面、真实地反映问题；审计报告编制不及时，未经审批就签发。这些问题可能导致审计结果不准确，进而影响内部控制的有效性和可靠性。因此，高校应高度重视这些问题，并采取相应的措施加以防范和解决。

（二）控制措施

1. 审计控制的措施

内部审计部门在年初需制定内部控制审计工作计划，确保工作计划与学校年度重点工作相协调，并经过适当审批。在年度内，审计人员应按照计划组织实施审计，并确保他们具备相应的审计执业资格。若审计人员与被审计单位或项目存在直接利害关系，应实行回避制度。审计方案应由审计小组起草，经内部审计部门负责人审核后下发。内部审计部门负责人需对审计方案的合法性、全面性、完整性和有效性进行严格审核。

审计人员应按照内部审计准则和实务指南实施审计，现场审计时应通过多种渠道和方式获取审计证据，并与被审计单位充分沟通，做好审计工作底稿的记录。审计小组组长在复核工作底稿的基础上，应对审计问题进行全面复核，并分类汇总。最后，内部审计部门负责人在复核工作底稿后，应审核确认审计报告的内容。同时，应明确内部控制审计报告的编制时限和审批权限，并严格执行相关规定，确保报告的及时性和准确性。

2.监督控制的措施

（1）建立高校内部监督体系。高校应建立内部监督体系，整合现有监督机构，形成协调有序的监督网络。校级党政领导作为内部控制有效性的最终责任人，应设立专门机构全面负责内部监督工作，确保监督体系的有效运作。高校可借鉴企业设立内部控制委员会的做法，设立财经委员会，全面管理资金和资产，并对内部控制进行设计、监督和评价。

内部审计机构应保持独立性，客观监督经济活动，评价内部控制，并将结果报告给校级管理层。外部审计机构应定期对高校资金等进行审计，并对内部控制进行评价，其结果也应提交给校级管理层。此外，工会、职代会、学代会、教授会、纪检、监察等机构在履行监督职责时，也应承担一定的内部控制监督职责，成为高校内部控制体系的重要组成部分。

（2）校务公开，提高管理透明度。随着社会对高校活动监督意识的增强，高校应通过校务公开工作提高管理透明度。校务公开是内部控制的一个重要环节，通过公开推动改革、廉政建设和管理监督。

财务管理公开推动规范化，如在教职工代表大会上通报财务工作报告，在学校公布栏中张贴收费项目和标准，由人事处提交教代会通过补贴发放标准。物资采购情况公开提高采购透明度，包括采购计划、方式和使用效果的公开。建设工程项目公开增强公众参与意识，如基建工程项目的设计方案、资金来源、计划总投资等的公开。科研立项和结果公开提高公平竞争，减少学术腐败，如科研项目申请、立项、结题、评奖等信息的公开。[①]

随着公众对高等教育关注度的提高，高校的校务公开内容将不断增加。学校应根据自身管理情况，有条件、有范围、有针对性地进行校务公开，构建监督控制的管理环境，完善学校内部控制中的监督机制。

（3）保证信息沟通通畅。内部控制监督的有效性依赖于充分有效的信息沟通。学校内部监督部门之间应加强沟通，提高监督效率和效果。同时，应满足公众对监督结果知情权的需求，实现学校与公众的有效沟通。

为此，应加强内部监督机构之间的信息沟通，建立监督结果公布的信

---

① 辛妍.新时期高校财务管理与审计［M］.北京：新华出版社，2022：136.

息交流渠道，确保信息沟通渠道畅通。有效的信息沟通有助于减少误解，降低重复性工作，提高监督效果。通过正式渠道和正规方式公示监督结果，可以确保监督目的和效果不被曲解，促进内部管理的改善和内部控制的有效性。学校应根据自身管理特点和需要，在保证学校稳定发展的前提下，有选择性地进行监督结果的公示。[①]

第五节　内部控制评价与监督结果应用

内部控制评价报告与内部控制审计报告在初稿编制完成后，应提交至分管校领导审阅，并同时向流程主责部门或被审计部门征求意见，要求限期回复。在收到主责部门或被审计部门的回复意见以及分管校领导的意见后，应修改初稿并报送学校内部控制领导小组进行审议。待审议结果确定后，签发正式报告。

内部控制评价与监督结果的应用主要集中在两个方面：一是整改落实与后续监督，二是评价考核。

第一，整改落实与后续监督。[②] 被检查部门应根据评价与监督报告中的要求，制定具体的改进措施和切实可行的整改计划，以确保报告的严肃性和有效性。同时，监督部门应对评价与监督中发现的问题和提出的改进建议进行跟踪检查，确保整改措施得到有效实施。

跟踪检查的主要工作包括：对照整改措施建议与整改部门进行现场确认和检查；对于重大的内部控制缺陷情况，应采用面谈、直接观察、测试及检查等方法，实施现场跟踪检查与监督；在经过讨论、澄清及现场跟踪检查与评价等必要程序后，监督检查人员对相关风险进行再评估；[③] 根据再评估结果，监督检查人员应编制后续检查报告，并向学校内部控制领导小

① 刘盈池.高校财务内部控制与绩效管理研究［M］.北京：新华出版社，2022：132.

② 云南省会计学会.云南省行政事业单位内部控制操作指南［M］.昆明：云南大学出版社，2021：116.

③ 高立法，吕宏斌，王士民.现代企业内部控制实务（第2版）［M］.北京：经济管理出版社，2013：151.

组提交审议。

第二，评价考核。内部控制评价考核是激励高校各部门履行内部控制责任、持续改进管理的重要手段。高校应将内部控制评价和后续监督结果纳入对相关部门或人员的绩效考核体系。人力资源管理部门和组织部门应与内部控制评价与监督的牵头部门、内部控制建设的牵头部门密切合作，共同制定具体的考核办法。

第六章

高校财务内部控制与规划的实践案例分析

在高校财务内部控制与规划领域，会计人才的培养显得尤为重要。随着经济环境的不断变化，会计人才不仅需要掌握扎实的理论基础和熟练的操作技能，更应具备出色的职业判断能力，以应对复杂的经济环境。在案例教学中，选择合适的案例、进行合适的排列组合是关键。本章将介绍案例的选择标准，并基于这些标准分析高校财务内部控制的业务活动，从而更清晰地展示内部控制在高校财务管理中的重要性。①

第一节　案例选择标准

一、国外学者的研究成果

在高校财务内部控制与规划方面，贝内特（Bennett）认为案例的特点是：第一，它应讲述一个故事，引起兴趣和好奇心；第二，案例应聚焦于一个有趣的议题，吸引注意力；第三，案例描述的应是近 5 年内发生的事

① 潘皓青．浅析财务会计案例课程的案例选择［J］．湖北函授大学学报，2016，29（6）：116-117.

情，以保持其现实意义和时效性；第四，案例应能唤起人们的共鸣，使其产生移情作用；第五，案例应包含从案例反映对象那里引用的材料，以增强其真实性和可信度；第六，案例应对已作出的决策进行评价，并针对面临的疑难问题提出解决方法；第七，案例包含可掌握、可操作的管理技能。[①]

著名案例研究学者托尔（Towl）指出，一个出色的案例是教师与学生就某一具体事实相互作用的工具。它以实际生活情景中肯定会出现的事实为基础，展开课堂讨论。案例是进行学术探讨的支撑点，是关于某种复杂情境的记录。在让他人理解这个情境之前，案例通常首先将其分解成若干成分，然后再将其整合在一起。这种方式有助于他人深入理解并掌握高校财务内部控制与规划的相关知识和技能。[②]

罗伯特·T·戈伦比威斯摹（Robert T. Goiembiewski）认为案例选择应遵循以下原则：首先，案例应具有现实性和可操作性，以便将理论知识应用于实际情境中；其次，案例的范围应涵盖本领域在实际工作中可能遇到的各类典型问题，使学生能够全面了解和掌握财务内部控制与规划的关键要素；再次，案例应反映实际工作中遇到的重要问题，引导学生深入思考并探索解决方案；最后，案例应具有实践性，使学生能够通过案例学习提升解决实际问题的能力。遵循这些原则，有助于提高高校财务内部控制与规划案例教学的效果，培养出具备实际操作能力的会计人才。

二、国内学者的研究成果

在高校财务内部控制与规划领域，选择合适的案例对于教学和研究至关重要。王浦劬（2001）提出的案例选择原则强调了案例的广泛性、丰富性、典型性、第一手性、学习者可进入性、可分析性以及包含学习者可理解的概念和理论，具有明确的背景性和可讨论性等特点。这些原则确保了案例能够全面、深入地覆盖财务内部控制与规划的核心议题，同时便于学生理解和分析。

---

① 田虎伟，周思旭. 教学技能与教学方法［M］. 呼和浩特：远方出版社，2002：122.
② 范双利，卢晓中. 教育博士视域下的学校管理案例研究［J］. 现代教育论丛，2018（2）：2-7.

韩康和史美兰（2006）则着重强调了教学案例的可研究性和思维拓展的空间。他们认为，教学案例应选择那些不只有唯一结论的案例，以激发学生的批判性思维和创造性解决问题的能力。这种选择标准鼓励学生探索多种可能的解决方案，从而更好地理解高校财务内部控制与规划中的复杂性和多变性。通过这种教学方式，学生能够在一个充满讨论和探索的学习环境中，提升自己分析和解决实际财务问题的能力。

三、优质案例的基本特征

在高校财务内部控制与规划领域，选择合适的案例对于教学和研究具有举足轻重的地位。结合财务会计学科的特点以及笔者多年的教学经验，高质量的财务会计案例应具备以下特性。

第一，真实性。案例的真实性是确保其高质量的基础。因此，在选择案例时，应优先考虑信誉良好的大型报刊、政府机关发布的信息以及大型政府网站等可靠材料来源。这些来源的内容通常较为真实可信，可以作为高校财务内部控制与规划教学的主要素材。

第二，代表性。财务会计课程旨在培养学生运用所学理论分析问题、解决问题的能力。[1] 因此，所选案例应能够反映财务会计理论教学中的重点和难点，使学生能够将理论知识与实践相结合。

第三，现实性。案例应来源于现实生活中的真实事件，反映实际财务会计工作中常见的问题和挑战。这样的案例能够激发学生的学习兴趣，并促使他们深入探究和分析。

第四，时效性。鉴于国内外政策法规的不断变化，特别是近年来中国会计规范与国际会计准则的趋同，所选案例应能够及时反映这些变化及其对未来趋势的影响。

通过确保案例的真实性、代表性、现实性和时效性，高校能够更有效地开展财务内部控制与规划的教学工作，培养学生解决实际问题的能力。

[1] 马桂珍.建筑抗震［M］.北京：机械工业出版社，2015：142.

第二节　高校内部控制业务活动案例分析

一、预算业务案例分析

【案例一】预算编报不完整，未实现综合预算

案例描述：在 2019 年的预算和决算报表编制过程中，某高校未将其非独立法人二级核算单位——后勤服务总公司的财务数据，包括 1029.05 万元收入和 877.15 万元支出，完整地纳入学校的决算报表。

问题分析：这一做法明显违反了《高等学校财务制度》第二十一条的规定，即学校所有收入必须纳入学校预算，进行统一核算和管理。同时，也违背了《中华人民共和国预算法》第八条的规定，即各部门的预算应包括部门及其所属各单位的预算。

改进建议：为确保符合上述法规要求，学校需立即调整其财务报告编制流程，确保后勤服务总公司的财务数据被完整、准确地纳入学校预算和决算报表中，以全面、真实地反映学校的财务状况。

【案例二】预算执行过程中未及时调整预算

案例描述：在 2019 年决算报表编制过程中，某高校发现账面事业收入与决算报表事业收入之间存在 1542.30 万元的差异，该差异被调整至其他收入中。同时，会议费决算数 647.77 万元中，有 15.42 万元财务账面列支的会议费未被纳入决算报表的会议费项目。此外，学费、住宿费的非税收入未按期上缴至财政专户，导致应缴财政专户款余额达到 1839.13 万元。

问题分析：学校在编制 2019 年预算时，事业收入安排偏低，导致实际完成数远超预算数据。为平衡决算报表，学校采取了将差异部分调整至其他收入的方法，并将超预算的会议费在"商品服务支出——其他"中列支。

此外，非税收入未及时上缴至财政专户，违反了《高等学校财务制度》第二十二条关于资金上缴国库或财政专户的规定，以及《行政事业单位内部控制规范（试行）》中关于预算执行和内部控制的规定。

改进建议：学校应建立并严格执行预算执行分析制度，定期向各部门通报预算执行情况。对于预算执行过程中出现的新情况，应及时调整预算，确保预算的严格有效执行。同时，应严格遵守相关财务法规，及时足额上缴非税收入至财政专户，避免任何形式的资金违规操作。

【案例三】部分项目支出内容未进行报备

案例描述：在 2020 年的决算报表编制中，某高校将招生就业费 332.89 万元、专项业务费 777.43 万元、成教业务费 571.61 万元以及科研经费支出 389.02 万元，共计 2070.95 万元，直接计入了决算报表中的"其他商品和服务"支出类别，而未对这些费用进行细分核算和报备。

问题分析：学校在核算过程中未对部分项目支出内容进行规范处理，导致在编制决算报表时无法按照规定的报表格式进行填报。这种做法违反了《高等学校财务制度》和《行政事业单位会计决算报告制度》的相关规定。

改进建议：学校应严格按照上级部门批复的预算执行，确保项目支出内容的合规性和准确性。在预算执行过程中，若出现项目变更或终止的情况，必须按照规定的程序进行报批和报备，并进行相应的预算调整。同时，应加强财务人员的培训和监督，提高财务报告的准确性和合规性。

二、收入业务案例分析

【案例一】违规坐收坐支现金

案例描述：在 2020 年，某高校记录了一笔 165.37 万元的利息收入，但在财务核算过程中，该笔收入并未按规定处理，而是直接从"事业支出—其他商品和服务支出—其他"科目中冲减。此外，该校还收到一笔来自某协会的培训费 4.16 万元，同样未将其计入收入，而是直接在"教育支出"

科目中冲减。

问题分析: 上述做法违反了《现金管理暂行条例》第十一条的规定,该条例明确指出,开户单位在进行现金收支时,不得从本单位的现金收入中直接支付(即坐支)。学校的操作不仅导致财务数据失真,也违反了财务管理的基本规范。

改进建议: 学校应严格按照财务管理规定,确保现金的收支两条线管理。收到的现金收入应及时存入银行账户,并在财务核算中正确记录。对于已发生的坐收坐支行为,应立即进行账务调整,确保财务数据的准确性。同时,加强财务人员的培训,提高其对财务管理规定的认识和执行能力。

【案例二】票据使用不规范

案例描述: 在 2020 年,某高校在资金往来结算过程中,使用了票据作为开具科研经费 120 万元、房屋租赁费 210 万元和培训费 25 万元的支付凭证。

问题分析: 这一做法存在违规之处,违反了《高等学校财务制度》第三十条的规定,该条款要求高校必须依法加强各类票据管理,确保票据来源合法、内容真实、使用规范,禁止使用虚假票据。同时,这也违反了《关于进一步加强行政事业单位资金往来结算票据使用管理的通知》(财综〔2013〕57 号)第三条的规定,该条款明确规定各行政事业单位应严格按照相关文件规定使用资金往来结算票据,不得用于收取经营服务性收费、政府非税收入、会费收入、捐赠收入、医疗服务收入等,更不得借此进行乱收费、乱集资和各种摊派。

改进建议: 为了规范财务管理,学校应当针对不同性质的收入开具相应的合规票据,以防范税务风险,并严格遵守票据使用规定。具体而言,学校在科研经费、房屋租赁费和培训费等不同类型的支出中,应分别使用符合规定的票据,确保票据的真实性和合法性,从而避免因违规使用票据而带来的潜在风险和责任。此外,学校还应加强对票据管理人员的培训和指导,确保他们充分了解和遵守相关的财务规定,从而进一步提高学校的财务管理水平。

三、支出业务案例分析

【案例一】定期清理往来款项，年度支出才有真实可言

案例描述： 在财务管理中，往来款项往往涉及供应商、客户、员工等多方利益相关者，若管理不当，极易导致款项积压，形成"应收账款"和"应付账款"。某高校就曾面临这一问题，其"应收账款"科目下长期挂账的教材订购款超过百笔，由于会计人员无法逐笔详细反映，只能笼统地在"教材订购"这一二级科目中进行汇总。这种管理方式无形中加剧了往来款的累积，使学校财务状况日益复杂。从2020年至2021年，该高校财务部门开展了一次全面清理行动，通过详尽核查，成功追回了多年未清的应收款超过2000万元。同时，补办了应收款手续，将部分款项转为支出300万元，并消除了未能及时报账的应付款150万元。此次清理显著减轻了学校的财务负担，提高了资金的流动性和使用效率。

问题分析： 第一，责任心不足。在此案例中，此高校财务人员未能尽职尽责，缺乏足够的责任心，导致旧账长期被忽视，无人处理。第二，管理不完善。虽然早期的会计报表曾要求财务人员提供详细的应收应付明细，但随着时间的推移，这一要求逐渐淡化，财务人员缺乏清理往来明细的外部压力。第三，信息不透明。部分报账人员存在侥幸心理，而信息不透明导致债务人还款积极性不高。

改进建议： 第一，"双管齐下"的管理策略。借款人应明确还款责任，财务人员需定期催款，确保款项及时清理。第二，利用财务软件实现人机对话。为每位职工开通财务查询权限，使其能随时查看自己的报账和往来明细，提高还款自觉性。第三，持续进行清理工作。每月通过财务软件生成往来明细表，指定专人负责清理工作，明确责任，并加强沟通协调。第四，改善工作态度。面对清理往来款的挑战，工作人员需保持认真态度，积极解决问题，确保财务报表的支出数据真实可靠。通过上述措施，高校能够更有效地管理往来款项，确保财务报表的准确性和可靠性。

【案例二】三公经费支出未按预算科目执行

案例描述： 在2020年的决算报表中，江苏某高校报告的公务用车运行维护费为79.6万元，这一数字与账面数据相符。然而，在审计过程中发现，该高校将公务用车的油费15.1万元调整至"行政管理支出—商品服务支出—差旅费"科目核算，而非原有的"公务用车运行维护费"科目。同样，公务接待费的决算报表显示为124.9万元，与账面数相符，但在审计中发现，有96.8万元的招待接待费用被列支在"商品服务支出—其他"科目，而未纳入公务接待费科目核算。

问题分析： 这一做法不仅违反了《高等学校财务制度》以及"三公"经费管理规定，同时也触犯了《中华人民共和国预算法》第七十二条的相关规定。该条款明确指出，各部门、各单位的预算支出应当严格按照预算科目执行，不得随意调剂不同预算科目、预算级次或项目间的预算资金。

改进建议： 为了纠正"三公"经费支出管理中的问题，学校应当严格控制"三公"经费的支出规模，确保支出内容的规范性，并严格执行国库集中支付制度和政府采购制度等相关规定。具体措施包括：第一，加强财务部门与用车部门、接待部门等之间的沟通协作，确保公务用车运行维护费和公务接待费等均按照规定的预算科目进行核算，防止资金调剂不当的情况再次发生；第二，对公务接待费用的核算方式进行全面审查和规范，确保所有相关费用均按预算科目准确核算，不得随意调整或遗漏；第三，强化预算执行的监督和控制机制，确保预算资金的调剂完全符合相关法律法规和财务管理规定，有效遏制资金使用上的违规行为。通过实施这些整改措施，学校将能够更有效地管理"三公"经费，提高财务管理水平，确保财务报告的准确性和合规性。

【案例三】会议费、培训费报销不规范

案例概述： 经过审计，某高校被发现存在会议费、培训费报销不规范的问题。具体来说，2019年1月，该校报销了一笔16万元的会议费，其中食品费用高达8万元，但报销凭证未附明细清单及会议通知等相关文件。同年5月和9月，还有两张凭证分别报销了15万元的会议费，同样缺乏会议通知等必要文件。2019年12月，该校报销了6.2万元的联合院NIT（全国计算机应用水平考试）联席扩大会议费用，同样未附相关会议通知等文件。此外，2019年7月，该校报销了22.7万元的成教班主任培训住宿费，

却未提供培训相关文件。同年9月，报销了18万元的培训费，也未能提供培训合同及参加人员签到报名表。

问题认定：上述问题均违反了《中央和国家机关会议费管理办法》及《中央和国家机关培训费管理办法》的相关规定。根据《中央和国家机关会议费管理办法》第十七条，会议费报销时需提供会议审批文件、会议通知、实际参会人员签到表、费用原始明细单据等凭证。同样，根据《中央和国家机关培训费管理办法》第十七条，报销培训费时，必须提供培训计划审批文件、培训通知、实际参训人员签到表以及培训机构出具的收款票据、费用明细等凭证。

改进建议：第一，加强会议和培训费用的审批与报销流程管理，确保所有报销凭证完整、合规，包括会议通知、参会人员签到表、费用明细等文件。第二，建立健全内部控制机制，强化对财务报销凭证的审核力度，防止类似问题再次发生。第三，加强对相关人员的培训，提高他们对财务报销规定的认识与理解，确保报销过程符合规定。通过实施这些措施，学校将能够更有效地管理会议和培训费用，提高财务管理水平，确保财务报告的准确性和合规性。

四、采购业务案例分析

【案例一】化整为零，规避公开招标

案例简介：在2020年，某高校购买了总价值达到499.17万元的试剂耗材，共计49批次，每批次价值均超过5万元。然而，该校在采购这些试剂耗材时，并未遵循招投标程序，而是采取了拆分报销的方式进行采购，以此规避公开招标的规定。

问题认定：该校的做法违反了《中华人民共和国政府采购法》第二十八条的规定。该条款明确指出，采购人不得将应当以公开招标方式采购的货物或者服务化整为零或者以其他任何方式规避公开招标采购。通过拆分报销的方式，该校实际上是将原本应当通过公开招标程序采购的试剂耗材化整为零，从而规避了公开招标的要求。

改进建议：为了纠正这一问题，该校应切实履行政府采购法及其相关规定。对于需要通过公开招标程序采购的货物或服务项目，学校必须依法进行公开招标，确保采购过程的透明度和公平性。同时，学校应加强对采购人员的培训，提升他们对政府采购法律法规的理解和遵守意识，防止类似问题再次发生。此外，学校还应建立健全内部控制机制，加强对采购活动的监督和管理，确保采购过程的合规性和有效性。通过这些措施，学校能够进一步规范采购行为，提高采购效率，维护学校利益。

五、资产业务案例分析

【案例一】固定资产账账不符

案例简介：在 2020 年，某高校购置了价值 5 万元以上的试剂耗材共计 49 批次，总金额高达 499.17 万元。然而，该校在采购这些试剂耗材时，并未遵循招投标程序，而是采用了拆分报销的方式进行采购，以规避公开招标的规定。

问题认定：该校的做法违反了《中华人民共和国政府采购法》第二十八条的规定。该条款明确规定，采购人不得将应当以公开招标方式采购的货物或者服务化整为零，或者以其他任何方式规避公开招标采购。通过拆分报销的方式，该校实际上是将原本应当通过公开招标程序采购的试剂耗材化整为零，从而规避了公开招标的要求。

改进建议：为了纠正这一问题，该校应严格执行《中华人民共和国政府采购法》及其相关规定。对于需要通过公开招标程序采购的货物或服务项目，学校应当依规进行公开招标，确保采购过程的透明度和公平性。同时，学校应加强对采购人员的培训，提高他们对政府采购法律法规的理解和遵守意识，防止类似问题再次发生。此外，学校还应建立健全内部控制机制，加强对采购活动的监督和管理，确保采购过程的合规性和有效性。通过这些措施，学校能够更好地规范采购行为，提高采购效率，保障学校利益。

【案例二】资产未入账，存货管理不规范

案例简介：在审计过程中，某学校发现其财务账面所反映的库存设备与实际盘点结果存在明显差异。具体而言，财务账面显示库存中有6扇钢质进户门，但实际盘点结果仅发现1扇。进一步核实后得知，其中2扇已投入使用，另外3扇已领用但处于闲置状态，且这些设备的领用均未履行相关手续，也未进行报销处理。此外，财务账面记录的28个配电柜中，已有10个被领用并在实验室投入使用，但同样缺乏相关领用及报销手续。

问题认定：上述情形违反了《高等学校财务制度》第四十一条的规定，该条款要求学校对存货进行定期或不定期的清查盘点，确保账实相符，并对存货的盘盈、盘亏及时处理。学校未能做到这些，导致了存货账实不符的情况。

改进建议：第一，严格规范仓库领用流程。学校应制定并严格执行仓库领用制度，确保所有设备在领用时均履行相关手续，并详细记录在案。第二，加强定期或不定期的清查盘点。学校应定期对库存设备进行清查盘点，必要时进行不定期抽查，以核实账面数据与实际存货情况的一致性。第三，确保仓库账实相符。一旦发现账实不符的情况，学校应立即查明原因，并进行相应的调整和处理，确保账目准确无误。第四，强化责任追究。对于涉及失职、渎职的行为，学校应严肃追究相关人员的责任，以强化责任意识，防止类似问题再次发生。通过这些整改措施，学校能够加强对存货的管理，防止国有资产流失，确保财务报告的准确性和合规性。

【案例三】无形资产未及时入账

案例简介：某学校在知识产权管理方面存在显著问题。截至2019年12月31日，学校拥有2989个有效的专利成果，这些成果在法律上构成学校的无形资产。然而，学校财务账面上"无形资产—专利权"科目的余额却为零，表明学校并未在财务账上对这些专利权进行核算。

问题认定：学校未能及时将这些专利权入账或进行摊销处理，导致财务信息失真和不完整。根据《高等学校财务制度》第四十六条的规定，高等学校通过外购、自行开发以及其他方式取得的无形资产应当合理计价，并及时入账。同时，学校取得无形资产而发生的支出应当计入事业支出。

学校未对专利权进行账务处理的做法，显然违反了这一规定。

改进建议：第一，进行专利权价值评估。学校应组织专家对专利权进行合理评估，确定其价值，并据此进行账务处理。第二，立即入账处理。基于评估结果，学校应立即将专利权作为无形资产计入财务账目，以确保财务信息的真实性和完整性。第三，建立无形资产摊销制度。学校应根据相关法规，建立无形资产摊销制度，确保无形资产的价值能够合理摊销，以反映其经济寿命和价值递减情况；第四，加强知识产权管理体系。学校应完善知识产权的管理，包括专利权的登记、使用、维护和价值评估等方面，以提高知识产权的利用效率和经济效益。通过这些整改措施，学校能够确保财务报告的准确性和合规性，同时更好地管理和利用专利资源。

六、科研投入案例分析

【案例一】专项资金使用不规范

案例简介： 某高校财政部门拨付了 500 万元的教育实训基地建设专项资金。然而，在审计过程中发现，其中 48.58 万元被挪用于学生宿舍地面改造购地专款，另有 11.36 万元被用于微软人才培养费。这两笔支出均不属于教育实训基地建设专项资金的原定用途。

问题认定： 学校的做法涉嫌挪用专项资金，即将专项资金用于与其原定用途不符的支出。这一行为违反了《××省省属高校重点实验室建设专项资金管理办法》的相关规定，该办法明确要求专项资金必须严格按照项目用途进行使用，确保专款专用。

改进建议： 为了纠正这一问题并防止类似情况再次发生，学校应采取以下措施来强化专项资金的核算和使用管理。

第一，明确专项资金用途：学校应根据专项资金管理办法，明确每一项专项资金的具体用途和范围，确保所有使用均符合规定。

第二，实施分项明细核算：学校应建立完善的财务管理制度，对专项资金进行分项明细核算，详细记录每一笔资金的流向和使用情况，以增强资金使用的透明性和可追溯性。

第三，严格按照预算执行：学校应严格按照预算使用专项资金，不得擅自改变资金用途或超出预算范围，确保资金使用的合规性和有效性。

第四，加强内部监督和外部审计：学校应建立健全内部监督机制，对专项资金的使用进行定期检查和审计，同时接受外部审计机构的监督和审查，确保资金使用符合相关规定，防止资金被滥用或挪用。

通过这些整改措施的实施，学校将能够提高专项资金的使用效率和合规性，确保资金的专款专用，为教育实训基地建设等重点项目提供有力支持。

【案例二】虚列业务活动套取资金

案例简介： 某高校在 2012 年 3 月 18 日至 2012 年 12 月 12 日期间实施了一个项目，合同金额为 18.16 万元，实际到账金额与支出金额均为 18.16 万元。支出项目包括购置电子元器件 9.13 万元，其中 5 万元的开票单位为 ×× 贸易有限公司，以及支付劳务费 7.27 万元。

问题认定： 经过工商信息查询，发现 ×× 贸易有限公司并无相关信息记录，且该单位并无发票领购信息。进一步核实发现，支付劳务费的学生名单上的人员在项目开展前已毕业。因此，该项目存在虚开发票和虚列劳务费的严重问题。学校的做法违反了《×× 省省属院校科研经费管理办法（试行）》的相关规定，该办法明确要求科研经费必须严格按照项目用途进行使用，确保资金使用的合规性和有效性。

改进建议： 为了纠正上述问题，防止资金被滥用或挪用，学校应采取以下措施。

第一，追回套取资金：学校应立即追回通过虚开发票和虚列劳务费套取的资金，并严格按照相关规定调整有关账目和决算，确保财务数据的真实性和准确性。

第二，调整账目和决算：学校应根据实际情况，对账目和决算进行调整，确保财务报告的真实性和合规性。

第三，追责问责：学校应依法依规对涉及此事的有关人员进行追责问责，以强化责任意识和风险意识，防止类似问题再次发生。

第四，提高透明度：学校应加强对科研经费使用情况的公示和透明度，让师生和社会公众了解资金的流向和使用情况，促进资金使用的公开、公平和公正。

通过这些整改措施的实施，学校能够确保科研经费的合规使用，提高资金的使用效率，为科研项目的顺利进行提供有力保障。

【案例三】预算执行不到位

案例简介： 在2019年，某高校的专项资金出现了结余。进入2020年，学校又收到了财政拨付的中央财政支持地方高校发展专项资金，总计达到26666.91万元。其中，通过国库支付的金额为19899.38万元，资金结余则高达6767.53万元。

问题认定： 学校部分项目的建设进度未能按照预算计划进行，导致项目预算执行进度缓慢，实际进度与预算计划之间存在显著差距，从而使得项目资金的结存量较大。这一做法违反了《××省高等学校重点学科建设专项资金管理办法》的相关规定，特别是第十条，该规定要求强化专项资金的核算和使用管理，对专项资金进行分项明细核算，并严格按照预算使用专项资金，确保专款专用。

改进建议： 为了纠正上述问题并提高资金使用的效率和合规性，学校应采取以下措施。

第一，基于项目建设目标进行预算：学校在编制项目预算时，应充分考虑项目的建设目标，并进行充分的论证和调研，确保预算的合理性和可行性，以符合项目的实际需求。

第二，定期监督通报预算执行情况：学校应建立健全预算执行的监督机制，定期对预算执行情况进行监督和检查，并及时通报相关情况，确保预算的执行与计划相符，防止资金浪费和滥用。

第三，严格项目预算管理：学校应加强对项目预算的管理和控制，对项目资金的使用进行严格监督和审查，确保资金的使用符合预算规定。

通过这些整改措施的实施，学校能够提高项目预算的执行效率和合规性，确保专项资金的有效利用，减少资金结余，避免资金使用不当的问题。

【案例四】业财不融合，未实现管理控制

案例简介： 截至 2019 年 12 月 31 日，某高校共承担科研项目 2195 项，其中纵向科研项目 213 项，横向科研项目 1982 项。2019 年度，该校科研经费的年初余额为 4689.19 万元，该年度共收到科研经费 3306.07 万元，支出 127.78 万元，最终结余高达 7867.48 万元。值得注意的是，其中 209.49 万元为以前年度已结题但尚未结账的项目经费。

问题认定： 学校财务部门与科研项目管理部门之间的沟通不足，缺乏有效的定期核对机制，导致科研项目内部控制存在漏洞，进而出现已结题项目未结账的情况。这一做法违反了《××省省属院校科研经费管理办法（试行）》的相关规定，该办法明确要求学校应加强对科研项目的管理，确保科研项目资金的合规使用和有效监管。

改进建议： 针对上述问题，学校应认识到业务与财务的深度融合是提升管理控制的关键。为确保科研项目资金的合理使用和有效监管，学校应采取以下措施。

第一，建立定期沟通机制：学校应建立财务部门与科研项目管理部门之间的定期沟通机制，定期核对科研项目进展及资金使用情况，确保科研项目资金的使用符合规定。

第二，加强内部控制：学校应强化科研项目内部控制，对科研项目资金的使用进行全程跟踪和严格监控，确保资金的合规使用和专款专用。

第三，规范结题流程：学校应依据内控要求，对科研项目结题流程进行全面梳理和优化，确保结题工作的规范性和及时性，避免已结题项目未结账的情况发生。

通过这些整改措施的实施，学校将能够加强科研项目资金的管理控制，确保资金的合规使用和有效监管，提高科研项目的管理水平，防止类似问题的再次发生。

第七章

高校财务内部控制与规划的优化策略

第一节　高校内部控制环境的优化策略

　　自 20 世纪以来，西方内部控制理论经历了从内部牵制到全面风险管理的五个发展阶段。从 20 世纪 80 年代的内部控制结构阶段开始，控制环境的问题就被正式提出。进入 90 年代，COSO 报告进一步深入探讨了控制环境的概念，将其拓展至组织的风险意识、董事会职能、管理层诚信、员工职业道德、组织结构设计等多个维度。相较之下，我国内部控制制度的发展始于 20 世纪 90 年代，主要由财政部、内部审计协会等政府部门和行业监管机构通过制定法律法规、规范性文件和指引来推动。2001 年以后，财政部出台了一系列关于内部控制的规范性文件，而 2003 年内部审计协会则制定了内部控制审计的具体准则，这些举措共同奠定了我国企业内部控制的基本框架。特别值得一提的是，2004 年教育部讨论通过了《教育系统内部审计工作规定》，这标志着我国开始高度重视高校内部控制的问题。在高校这一特殊组织中，加强高校内部控制环境的建设成为保障其长远健康发展的基石。①

———————
　①　王楠楠.我国上市公司内部控制自我评价问题研究［D］.郑州：河南大学，2011.

一、高校财务内部控制环境存在的问题及分析

尽管国有高校的机构设置相对完善，但在扩大高校规模的过程中，高校财务内部控制环境仍面临一些亟待解决的问题。

（一）权责分配不合理

高校在权责分配上存在不合理之处，主要表现为关键岗位缺乏有效监督，以及事前和事中内部审计不充分。这些问题往往源于内部审计人员能力有限，无法及时识别并化解风险，进而可能给国家带来重大经济损失。

在权利配置方面，《中华人民共和国高等教育法》规定了高校内部各主体间的权利与义务配置关系。公立高校实行党委领导下的校长负责制，党委对学校干部有任免权，对重大事项有决定权，而校长则在党委领导下管理教学、科研和行政事务。这种配置导致学校法人权力高度集中，决策机构和行政部门大权独揽，行政权力与学术权力高度重叠。[①]

另外还存在监督权力相对弱化的问题。尽管《中华人民共和国高等教育法》赋予教职工代表大会参政和监督地位，但在实际操作中，代表大会在党委领导下行使职权，导致其监督权行使受限，监督效果不佳。

为解决这些问题，需要优化权力和职责分配，加强关键岗位监督，提升内部审计力度和能力，确保风险能够及时发现并得到有效化解。同时，应增强教职工代表大会的独立性和监督功能，确保其能有效行使监督权，促进高校健康稳定发展。

（二）人力资源管理系统有待更新

国有高校的管理岗位任用和职称评定体系在一定程度上仍受到计划经济体制的影响。这种影响主要表现在中层管理岗位的任用上，普遍存在论资排辈现象，即依据资历和年龄而非能力来选拔管理人才。尽管近年来高校在提拔年轻干部和评定青年教师的职称方面有所突破，但这些破格提拔

---

① 王彩云.高校内部控制建设存在的问题及优化策略［J］.投资与创业，2023，34（8）：157-159.

和评定的做法仍然十分谨慎，且管理岗位任命和职称评定上普遍存在"能上不能下"的问题，即一旦获得晋升或高级职称，便很难被降职或降级。

待遇问题一直是高校人才成长和学科建设的困扰。部分高校整体待遇偏低，难以稳定学术带头人和中青年骨干教师队伍，尤其是在吸引和留住国外优秀人才方面存在困难。此外，由于政策性原因或各院系资源优势不同，同一校园内教职工的收入悬殊，这些问题会挫伤教职工的积极性，影响教学科研水平的提高。

高校的人力资源政策也未能完全适应现代内部控制的需要。目前，大多数高校的人事资源管理仍沿用计划经济体制下的传统方式，缺乏有效的规划和关键岗位的管理监督机制。内部管理运行制度往往流于形式，无法得到严格执行，导致内部控制效果低下。在聘用与解聘、薪酬、考核、晋升与奖惩等方面，高校过分注重学历而忽视专业胜任能力和职业道德的全面考核，缺乏有效的淘汰机制。同时，在教师培训计划中过分强调专业素质而忽视职业道德的培养。由于薪酬制度不完善和激励约束机制不健全，学校在付出高昂的培养成本后，却面临优秀人才流失的风险。①

（三）校内风险文化意识有待加强

世界上的知名高校，在它们漫长的历史积淀中，都逐步构建起了自己独特而鲜明的校园文化。这种优秀的校园文化不仅能吸引顶尖人才，提升学校的竞争力，更能凝聚师生力量，促进学校的长远发展。然而，我国大部分高校由于历史相对较短，尚未形成真正意义上的校园文化。在此背景下，一些问题逐渐凸显出来。

首先，部分教师过分追求经济利益，而忽视了学术研究和教学水平的提高，这种现象在高校中屡见不鲜。他们对学校的发展缺乏认同感，缺乏积极向上的整体价值观，这不仅影响了教学质量，也损害了学校的整体形象。

其次，学校高层管理人员缺乏足够的风险意识，对教职员工的职业道

① 黄金曦.高校内部控制环境优化探析［J］.事业财会，2008（2）：19-21.

德缺乏宣传引导。① 这种管理上的疏忽，使得学校在面对各种风险时，往往难以迅速有效地应对，从而威胁到学校的稳定与健康。

最后，校园文化的缺失还严重影响到在校学生的价值观、人生观等的形成。学生在学校中若无法树立正确的价值观，可能会在未来的道路上迷失方向，这对学生的成长和发展极为不利。

因此，为了确保高校的持续健康发展，我们必须加强校园文化的建设，深化对教师和学生的价值观引导，提升教师的专业素养，同时增强学校高层管理人员的风险意识。只有这样，我们才能营造一个积极向上、充满活力的校园氛围，真正实现高校的可持续发展。

二、优化高校财务内部控制环境的措施

为了降低高校运营风险，必须优化高校财务内部控制环境，通过完善内部控制环境的要素，以加强高校内部控制环境的建设。

（一）建设完善高校环境管理分工体系

我国高校的内部管理与企业管理之间存在明显的不同。首先，从营利性来看，高校作为非营利组织，其运营目的并非追求利润最大化，而企业则以营利为核心。其次，从权力结构看，高校不存在类似于企业的股东会、董事会、监事会和经济管理层。因此，在将企业管理理论应用于公立高校时，必须结合学校的特点进行合理调整。

尽管如此，国有高校依然存在委托代理关系，需要合理的治理结构来规范。根据《中华人民共和国高等教育法》第三十九条规定，国家举办的高校实行中国共产党高等学校基层委员会领导下的校长负责制。校党委作为高校的权力机构和决策机构，主要负责高校运营中的重大决策，是内部控制系统的核心。同时，校党委与中层管理者之间也存在委托代理关系，中层管理者由校党委选拔任用，并对校党委负责。

① 王伟.高校内部控制环境的优化分析［J］.企业家天地，2008（12）：88-89.

在制定大学章程时，应明确界定政府与高校的权责边界。既要保障政府对高校的监督权，又要鼓励社会等外部多元利益共同体参与高校管理，以实现政府、高校、社会在决策、执行、监督方面的分权制衡。教职工是学校民主监督的重要力量，因此应充分保障和规范教师的监督权。此外，还应推进权力下移，积极构建矩阵组织结构，明确校园两级管理，确保各类利益群体能够有效参与决策，从而调动基层的主动性和积极性。

（二）提高素质水平，形成良好高校文化

管理者和教师的素质与行为直接体现了高校的文化氛围，并对学校形象产生直接影响，从而影响着高校内部控制的效果。因此，无论是高校的管理人员还是教师，都应树立正确的价值观，提高个人修养，并在学校中以身作则。管理人员需要具备专业的管理能力，以引导教职工更好地执行高校内部控制机制，进而促进良好文化环境的形成。面对多变的市场经济，高校在发展过程中存在运营风险。管理者应增强投资风险意识，从而在以后的发展中更加慎重地处理投资和融资行为。教职工应增强对学校的认同感和归属感，将个人利益与学校利益相结合，当学校面临资金财政问题时，教师更易接受特殊政策，助力学校走出困境。

（三）合理设置组织机构，配置权力和职责

科学合理的组织结构为学校的长远发展奠定了基础框架。高校内部控制结构的设置应覆盖校内的各项活动、各个部门以及各级人员，涉及决策、执行、监督等多个环节。应遵循不相容岗位分离与制衡的原则，形成由校党委、二级院（系）、管理与监督部门共同构成的控制结构，从而加强高校内部控制，减少运营风险。

在组织结构内部，应根据牵制原则对岗位进行细致的分工，避免职责重叠，提高工作效率。为了减少风险，需定期轮换关键岗位的负责人。同时，建立高效的信息传递机制，确保内外部、横纵向的信息得以有效传递。

组织结构是高校运行和控制的合理外部框架，而教职人员是内部控制的实际执行者。因此，高校在分配权责时，需确保其适当性和可监督性，以实现内部控制的建立健全和有效实施。

（四）完善人力资源政策

人力资源政策影响着员工的工作业绩和工作表现。完善、合理、细致化的高校人力资源政策不仅能增强教师的素质，还能促使教师有效执行内部控制，降低高校运营风险。同时，它还能激发教师的教学热情和创新能力，有效弥补内部控制的不足。为了健全高校的人力资源政策，需从引进人才到培养人才的全过程进行完善，促进形成市场化的人才机制。

在引进人才时，应核查员工的学历信息，并通过科学、合理的测试考查员工的教师职业素质和职业道德。建立科学的绩效考评标准，并严格执行，规范教职员工的薪资构成，实施合理的晋升和奖励制度。在达成学校价值观和行为标准的前提下，与教师建立良好的劳资关系。教师的成长过程是不断变化的，根据"终身学习"的要求，学校需完善教师培训机制。通过定期、有计划的培训，提高教师的职业素质和道德水平，增强教师对学校文化的认同感和归属感，从而促进他们更好地执行学校内部控制制度。

因此，高校必须建立科学的人力资源管理制度，特别是在全校范围内推行全员聘任制度，建立充满活力的用人机制，实现人才机制的市场化。

第二节　高校风险管理与控制的优化策略

近年来，我国高等教育的迅猛发展引发了全球的广泛关注。据中国统计年鉴数据显示，2000 年高校在校学生人数为 556.1 万人[1]，高等教育规模的增长率显著，标志着我国高等教育已由"精英"教育阶段转变为

---

[1]　中华人民共和国教育部.2010 年全国教育事业发展统计公报［EB/OL］.（2012-03-21）［2024-05-13］.www.moe.gov.cn/srcsite/A03/s180/moe_633/201203/t20120321_132634.html.

"大众化"教育阶段。2024 年 3 月 1 日，教育部新闻发布会公布的数据显示，高等教育阶段在校人数已达 4763.19 万人，提前完成了"十四五"规划目标。[①]

随着招生规模的不断扩大，高校需要进一步优化风险管理与控制，以减轻管理运营风险。随着教育体制改革的深入和市场经济的飞速发展，高校已形成了多元化的筹资格局，但同时也使得财务风险日益凸显。因此，高校管理者对财务风险管理问题给予了高度重视，研究本校的财务状况、分析和防控财务风险成为各高校管理层的重要管理课题。

在单一的高校投资渠道时期，高校财务管理主要受制于政府管控，当时的管理理念和方法已经不能够满足当下的财政改革和工作发展的需求。因此，高校的领导人以及财务部门需要加强高校财务内部控制，充分整合利用学校资源，激发高校教职人员的积极性和主动性，从而适应新形势高校的发展。[②]

一、风险类型

高校财务风险指的是在高校财务管理活动中，由于外部环境或其他不可控因素导致的实际效果与原设定目标之间的差异，进而造成高校遭受损失的风险。结合高校财务管理的基础理论以及我国高校财务管理的现实情况和一般特点，高校财务可能面临的风险主要包括债务风险、投资风险以及财务运营风险等。

（一）债务风险

高校债务风险指的是高校因无法按时偿还到期债务本息，导致财务陷入困境，并可能因此蒙受损失的风险。随着我国高等教育的快速发展，高校的招生规模和办学条件均得到了显著提升。然而，国家的财政投入并未

---

① 教育部发展规划司.2023 年全国教育事业发展基本情况［EB/OL］.（2024-03-01）［2024-05-13］.http：//www.moe.gov.cn/fbh/live/2024/55831/sfcl/202403/t20240301_1117517.html.
② 于新花.高校财务风险管理与控制策略［J］.财务与金融，2009（1）：58-61

与高校的快速发展同步增长，这导致高校面临巨大的资金缺口。

为了填补这一资金缺口，高校不得不依赖银行等金融机构的贷款。据中国社会科学院发布的《2008 年中国社会形势分析与预测》报告，我国高校向银行贷款的规模高达 4500 亿—5000 亿元，部分高校的贷款规模甚至超过了 20 亿元。这意味着高校每年的财政补助收入和事业收入中很大一部分需要用来支付借款利息，这使得高校在维持正常运营的基本费用支出上捉襟见肘，更不用说返还银行等金融机构的借款本金了。[①]

由于债务负担沉重，部分高校的资金链已经断裂，这导致高校面临严重的债务风险。在全国范围内，许多高校都正面临着类似的困境。因此，如何有效地管理高校债务风险，确保高校财务稳定，已经成为我国高等教育发展亟待解决的问题。

（二）投资风险

根据国家的有关规定，高校可以利用闲置资产进行对外投资，设立具有独立法人资格的经济实体，或与其他出资人共同设立具有独立法人资格的经济实体。这些经济实体在法律上独立，拥有自身的财产、责任和义务。然而，当这些经济实体因经营不善、市场竞争激烈等原因出现财务危机时，作为主要投资人的高校往往需承担连带责任。

在这种情况下，高校可能无法实现预期的投资收益，甚至可能遭受投资亏损。此外，高校还可能因承担其他连带责任而蒙受经济损失。在高校的发展历程中，许多高校都曾举办过校办企业，如印刷厂、食品厂、建筑公司等。这些企业当年或许效益可观，但随着校内需求的减少和社会竞争压力的加剧，这些经济实体大多已经破产或倒闭。

这些情况表明，高校在利用闲置资产进行对外投资时，需充分考量各种风险，包括经营风险、市场竞争风险等。高校在投资决策时，应充分评估投资项目的可行性，并采取相应的风险防范措施，以降低投资风险。同时，高校应加强对校办企业的管理，提升企业的经营效益，确保高校的资产安全和财务稳定。

① 葛洪朋，杨公遂. 新形势下高校财务风险管理研究 [J]. 财务与金融，2012（6）: 58-63.

高校财务内部控制与规划探析

（三）财务运营风险

流动性风险是指高校在日常财务管理过程中，由于控制不当或其他原因，导致高校在购置资产、材料、支付费用时，因货币资金不足而影响正常财务结算，甚至影响高校正常运营的风险。这种风险可能导致高校在关键时刻无法支付必要的费用，如教职工工资、水电费等，进而影响高校的稳定运营。

信用风险则是在资金回收过程中产生的。当结算对象（如供应商、合作伙伴等）不愿或无法按期履行付款合约时，就会产生信用风险。这种情况下，高校可能面临无法及时回收资金的问题，形成呆账、坏账，给高校带来经济损失的风险。

这两种风险都是高校在财务管理过程中需要重点关注和防范的问题。为了降低流动性风险，高校需要合理安排资金，确保有足够的货币资金支持日常运营。同时，高校还需加强对资金回收的管理，建立健全的信用风险评估和监控机制，及时识别和处理信用风险，以减少经济损失。

二、风险成因

（一）政治经济因素

由于当前国际资本市场的不稳定性以及经济危机的频发，各国纷纷通过调整经济政策来应对危机和困境。我国政府为了促进经济的发展，也会运用金融工具来调整经济政策，这可能会导致资金成本的变化和市场供需价格的波动。高校无法控制和提前预测经济市场的发展动向，因此每一次经济政策的调整都可能引发高校的财务风险。

国家推出或调整教育政策，将会直接影响高校的办学质量和效益。例如撤并高校、扩大招生规模、调整教学水平评估标准等。高校不仅要落实国家的教育政策，还需完成自身的办学目标。在国家财政资金拨款不足的情况下，多数高校通过借贷筹集运营资金，这无形中增加了高校的财务风险。

因此，高校的运营领导人和财务部门需要密切关注国际经济市场的发展动态以及国内的经济和教育政策变化，结合本校的实际情况，判断高校可能面临的风险，并采取相应的风险应对措施。同时，高校应该提高自身的财务管理能力以及应对变化的能力，以防范和应对可能出现的财务风险。

（二）管理者财务风险意识匮乏

我国高校的管理人员大多数依赖经验来管理学校财务，认为财务风险的出现主要是主观因素导致的。他们缺乏财务风险意识，没有深入了解市场经济运行的规律，也缺乏系统学习和研究财务管理理论，因此忽视了财务风险的客观存在，这可能导致财务风险的产生。

管理人员没有充分利用财务部门提供的财务数据信息。这些数据可以帮助学校领导人在面对高校财务风险时进行事前预测、事中控制、事后分析和事后监督的决策制定。但是，由于之前高校受制于政府的统一管理，造成高校财务工作侧重于核算层面，如记账、算账、报账，主要服务于领导人事后监督的决策，缺少对外部信息的前瞻性分析和应对风险的指导。[①]

校领导对学校财务收支的整体情况不了解，未明确学校的发展重点和方向，导致资金分配不按照预算编制进行，预算变更频繁。预算是财务管理中的重要内容，只有合理、公正、透明的预算编制，才能保证预算的准确性以及预算内容的全面性，从而确保高校在收支平衡中达成学校的发展目标。

（三）投资决策、资产购置具有随意性

我国高校作为非营利组织，在投资项目过程中往往缺乏效益意识和资金成本管理概念，导致投资决策和资产购置表现出较大的随意性。由于缺乏科学的规划和长远发展的战略思维，高校在项目实施过程中难以实现预期收益或未能及时弥补资源亏空，进而可能引发资金链断裂和财务风险。

① 李雄平.我国高校财务管理存在的问题与改进意见［J］.会计之友，2010（1）：44-45.

高校财务管理部门由于长期受体制影响，缺乏科学理财意识，难以积极应对瞬息万变的市场经济环境，无法有效开拓市场资源。在进行重大财务决策时，由于缺乏科学、真实、可行性的研究和资源的有效利用，存在经验决策和主观决策的情况，导致资金效益低下。由于高校不重视现金的管理，导致对货币资金的实际需求量进行错误的评估和判断，不了解不同的货币资金的存放状态和转化率的成本，造成资源浪费。[①]

（四）资产结构不合理

资产是高校所拥有的、具有使用权且以货币计量的经济资源，包括财产、债券和其他经济形式。根据资产的存在形态，可将其分为流动资产、固定资产、在建工程、无形资产和对外投资等。从购置资产的资金来源看，包括财政投入、上级投入、依法收取、自创收入、捐赠、各种基金和负债项目等形成的资产。

会计核算基本原则要求遵循历史成本原则和谨慎性原则来确定资产的价值。资产的初始计量按照其获取时的实际成本进行，摊销则按照既定的时期进行，以反映资产价值的消耗和转移。通过资产负债表，期末资产的价值及其组成得以清晰呈现。

通过分析资产负债表可以明显看出，高校的资产结构具有独特性。这一结构主要体现在固定资产占比较高，而流动资产比例较低，尤其是在流动资产中，现金及现金等价物的比例更是稀少。这种资产配置使得高校资产的整体流动性较弱，降低了其在运营过程中的风险抵御能力。这不仅是高校财务风险的一个重要来源，也对其在面对经济压力时的适应性和采取应对策略产生了负面影响。

---

① 郭刚奇，王从严.服务·创新·发展 新时期高校办公室工作研究与探索［M］.武汉：武汉理工大学出版社，2010：67.

三、控制措施

（一）依规对外投资，降低财务风险

高校的性质和办学目的决定了其职责所在。作为事业单位，高校的主要目标是通过履行教学和科研的职责实现社会效益，而非对外投资。在确保高校正常运行和教学事业持续发展的前提下，高校可以根据国家相关规定，审慎地进行对外投资，并遵循严格的审批程序。

高校对外投资的项目内容应当紧密关联教学与科研，旨在促进教学事业的交流与发展，如科研成果的转化、教学实践基地的建设等。高校应坚决避免参与任何形式的金融风险投资或其他高风险金融投资领域。

在进行对外投资前，高校应对投资项目的可行性进行充分论证，科学评估投资项目的规模、预期投资收益及投资回报率，并合理确定投资项目的周期。同时，高校需要按照国家的资产管理规定，编制详细的申请报告，详细说明对外投资项目的基本信息，并报国家相关部门审批。

如果高校利用非货币性质的资产（如专利、科研成果等）进行对外投资，应先根据国家的相关规定明确资产价值。高校对外投资项目所使用的资金必须是本单位的剩余资金或者自筹资金，不可以使用财政拨款进行货币类资金对外投资。[①]

此外，高校还应加强对外投资项目的财务监督，确保对外投资资产的安全与完整，依法获取投资收益，避免对外投资项目的风险对高校财务运营造成不良影响。

（二）多元化筹措资金，降低财务风险

1.科学调配债务资金

高校在发展过程中所需的资金，一部分来源于国家的财政拨款，另一部分则需要高校从金融机构筹集。这类债务资金具有明确的还款期限，若

① 丁飞.高校如何做好财务管理［J］.商业经济，2010（5）：128-129.

到期未还，将产生高额的利息支出。为了减少债务风险，高校需从根本上控制债务资金的数量，并充分考虑资金使用的成本问题，同时节约学校的各项开支。当高校需要通过向银行借款维持运营时，应拓宽筹资渠道，结合本校的资产结构，合理调配银行的借款种类，以获取更优惠的贷款条件。例如，高校可以通过科学评估调整长短期借款、流动资产和固定资产的比例，优化债务结构，从而有效控制债务风险。

高校应合理规划还款日期，根据学校的资金情况和债务特点，分散还款压力。这不仅有助于减少集中还款带来的财务风险，还能通过有效的资金管理，平衡资金与债务风险的关系，确保高校财务的稳定。

2. 积极争取非偿还性资金

首先，高校应积极争取国家财政支持。作为事业单位，高校的发展与国家政策的支持密切相关。国家每年会根据高校的发展情况给予一定的财政拨款，以维持学校的正常运营。此外，国家还会为鼓励高校科研教育事业的发展，提供大量的补助和资金奖励，如国家级专项建设资金、重点学科建设专项资金、科研基金以及优秀教师成果奖励等补助资金。

其次，高校应努力争取中央财政奖励。根据中央财政的规定，对于地方财政预算安排的高校银行贷款还本资金，中央财政将按一定比例给予基础奖励。高校应根据国家和地方的财政安排，结合自身实际情况，积极申请资金奖励和补助，以缓解高校快速发展过程中的资金压力，降低财务风险。

再次，高校应整合利用闲置资产，开发校园市场资源。通过撤并高校，部分高校可能拥有闲置资产。高校应按照国家对于事业单位国有资产管理的相关规定，申报、审批后，充分利用这些闲置资源。例如，对于闲置的土地、校舍等，可以通过置换、有偿转让、合作开发、出租出借等方式实现增收。此外，校园内的学生消费市场也是一种宝贵资源，可以通过开发转让或合作经营等方式实现学校增收，以缓解财务风险。

最后，高校应广泛吸引社会资金，降低财务风险。高校可以利用自身的人才优势和庞大的毕业生群体，为社会或企业提供科技服务，从而吸引社会资金的投入。此外，高校还可以争取教育基金会的支持，或通过校友会筹集毕业学生的捐款，以支持学校教育事业的发展。近年来，高校收到企业和企业家捐赠的资金逐年增加，表7.1为2018—2022年中国高校捐赠收入前10位的高校排名表。

表7.1　2018—2022年中国高校捐赠收入前10位的高校排名表

学校名称	所在省份	总额（亿元）
清华大学	北京	152.90
浙江大学	浙江	49.31
北京大学	北京	47.01
上海交通大学	上海	27.58
北京师范大学	北京	22.91
中山大学	广东	13.32
武汉大学	湖北	13.50
厦门大学	福建	13.01
复旦大学	上海	12.89
华中科技大学	湖北	9.91

资料来源：由笔者根据基金会中心网（CFC）数据整理而得。

（三）完善财务运营管理，控制财务风险

1. 规范预算管理

预算管理是财务管理的核心，为高校经济活动提供重要依据。高校在编制收入预算时需要遵循统筹兼顾的原则。近年来，我国进行了预算管理体制改革，要求高校在预算编制时参考往年的预算执行情况，根据影响年度收入的增减因素以及年度的结转和结余情况，预测和编制高校的收入预算。[①]高校在编制支出预算时，应全面考虑高校的整体财务状况、事业发展目标和建设规划，调动和整合学校各类资源，按照既定程序合理分配，编制年度财务预算规划。

高校应实时监控预算执行情况，确保财务活动按照预算编制进行，降低财务风险。同时，应完善预算调整制度，在特殊情况下如需调整预算，

① 张燕生，沈雅醇. 地震事业单位财务管理和会计核算［M］. 北京：地震出版社，1998：45.

应合理规定调整的时间、方法和程序。预算一经核定，必须确保收支平衡，严禁赤字预算。此外，建立预算跟踪、分析和评价制度，优化资金支出结构，确保资金正确使用，提高资金使用效益，使预算管理更加公平、合理、透明。

2. 完善资产管理

高校应定期对已有资产进行清查，全面了解资产的购置、项目进展和资金使用效率情况。对于流动资产，特别是材料类资产的购置和使用，应明确采购批量和年度采购批次，以降低费用。对于大批量的资产购置，采购的方式是先申报主管部门，然后由政府统一采购，从而降低采购成本。[①]

为提高高校财务管理水平，应充分调动全体员工的增收节支积极性。应建立资金使用效益评估制度，并对资金使用效益进行奖勤罚懒。学校应对学院（系）、管理部门的资金使用进行效益考核。[②] 提高资金使用效益是一项综合性经济管理工作，必须由掌握资金使用权的各级领导负责，实行资金使用问责制。资金使用量、任务完成量、质量情况以及资金使用效果都应纳入各级领导任职考核的重要内容。

第三节　数字经济时代内部控制的转型发展

自20世纪40年代，随着第三次科技革命的兴起，计算机技术和互联网经历了迅猛的发展。这些科技进步和信息化的快速推进，极大地推动了社会经济的快速发展。数字技术逐渐转化为直接的社会生产力，成为引领经济发展的新热点和新趋势。全球范围内，数字经济的崛起标志着人类社会经济形态正经历着深刻的变革。

---

① 高红.高校财务管理工作的思考［J］.兰州教育学院学报，2008（1）：57-58.

② 杨群英.探索财务管理的新路标［J］.中国校外教育（基教版），2009.

一、数字经济的内涵

数字经济的概念最初由美国学者唐·泰普史考特（Don Tapscott）在 1996 年出版的《数字经济：智力互联时代的希望与风险》（原名为《The Digital Economy Rethinking Promise and Peril in the Age of Networked Intelligence》）一书中提出。随后，在 1998 年，美国商务部发布了《新兴的数字经济》报告，标志着"数字经济"这一术语正式形成。[①] 进入 21 世纪，随着大数据、人工智能、移动互联、云计算、物联网、区块链等新一代信息技术的快速发展与融合，数字经济迎来了高速增长和快速创新的阶段，这些技术被广泛应用于各个领域，成为推动全球经济发展的新动能。

2016 年 G20 杭州峰会发布的《二十国集团数字经济发展与合作倡议》对数字经济进行了定义：它指的是那些以数字化的知识和信息作为关键生产要素，以现代信息网络作为重要载体，并通过信息通信技术的有效使用来提高效率和优化经济结构的一系列经济活动。[②]

2017 年，中国信息通信研究院（简称"信通院"）发表《中国数字经济发展白皮书（2017 年）》，阐述了数字经济的定义。数字经济主要依赖于数字化知识和信息这些关键生产要素，并以数字技术创新作为核心动力。[③]

数字产业化，即信息通信技术产业本身的发展，为数字经济的发展奠定了基础。产业数字化则是数字技术在传统产业中的广泛应用，通过提高产业效率、优化产业结构等方式，推动产业向数字化转型。数字经济的核心目标在于通过产业数字化提高社会效率，使数字技术更好地服务于经济发展。在党的十九届四中全会上，数据被首次认定为参与生产要素分配的关键要素，这标志着以数据为核心的数字经济即将迈入产业化的新阶段。

---

① 张晓. 数字化转型与数字治理 [M]. 北京：电子工业出版社，2021：103.

② 何振红，张鹏，车海平，等. 聚裂云 +AI+5G 的新商业逻辑 [M]. 北京：机械工业出版社，2020：15.

③ 郭晗，廉玉妍. 数字经济与中国未来经济新动能培育 [J]. 西北大学学报（哲学社会科学版），2020，50（1）：65-72.

信息产业化，也就是数字产业化，是数字经济发展的一个重要方面。在《中国数字经济发展与就业白皮书（2019年）》中，中国信息通信研究院提出了数字经济发展的"三化"模型，包括数字产业化、产业数字化以及数字化治理。报告指出，数字经济的迅猛发展不仅促进了经济在质量、效率和动力方面的转型，还导致了政府、组织、企业等治理模式的深层次变革，体现了生产力与生产关系的有机结合。①

数字化治理在数字化转型过程中对生产关系进行了重新塑造，既注重风险防范，也强调效能提升。通过数字化治理，可以提高公共服务的质量、效率和可持续性，同时增强公众的参与和监督能力。

在《中国数字经济发展与就业白皮书（2020年）》中，中国信息通信研究院指出，数字化知识和信息作为关键的生产要素，在促进生产力的发展和生产关系的变革中正变得越来越重要。随着经济社会从生产要素到生产力，再到生产关系经历全面的系统性变革，数字经济被拓展为"四化"框架，即数字产业化、产业数字化、数字化治理和数据价值化。②

数据价值化涉及一个从数据资源化开始，经过数据资产化、数据资本化的过程，最终实现数据的价值化。这一过程重构了生产要素体系，成为数字经济发展的基石。

二、我国数字经济的发展

我国数字经济发展势头迅猛，早期探索主要集中在信息化建设和电子商务领域。自2015年"数字中国"概念被提出以来，数字经济已上升为国家战略。2017年，数字经济正式被纳入政府工作报告，其发展方向和目标更加明确，标志着我国进入了数字经济发展的全新阶段。

近年来，我国出台了一系列与数字经济紧密相关的政策文件，以推动其持续健康发展。据《中国数字经济发展与就业白皮书（2021年）》显示，2018年我国数字经济规模已达到31.3万亿元，占国内生产总值的34.8%。

---

① 杨新臣.数字经济 重塑经济新动力［M］.北京：电子工业出版社，2021：19.

② 肖峰，巨强.转型之道人才续航 构建数字时代金融教育新生态［M］.北京：中国金融出版社，2022：47.

到了 2020 年，这一数字更是增长至 39.2 万亿元，占 GDP 的 38.6%。而在《全球数字经济白皮书（2022 年）》中，我国数字经济规模已连续多年位居世界第二。

与此同时，我国互联网普及率也在稳步提高，从 2012 年的 42.1% 增长到 2021 年的 73%，网络用户数量达到 10.32 亿人。移动电话用户总数也达到了 16.43 亿户，其中 5G 用户约占全球的四分之三。

从 2012 年到 2021 年，我国数字经济规模从 11 万亿元增加到 45.5 万亿元①，占比也从 21.6% 提高至 39.8%。数字经济已成为推动我国经济高质量发展的核心动力。尤其在新冠肺炎疫情期间，数字技术和数字经济在抗击疫情、恢复生产生活方面发挥了不可替代的作用。我国数字经济的发展成就已引起全球瞩目，其对经济社会发展的引领作用日益凸显。

三、数字经济对高校内部控制的影响

内部控制环境是内部控制实施的基础，它直接影响着内部控制的构建和实施，包括发展规划、组织结构、运营流程、关键岗位与人员、会计及信息系统等多个方面。同时，内部控制是动态变化的，它会根据高校面临的内外部环境变化而不断进行调整和优化。

（一）对内部控制环境的影响

在传统模式下，内部控制体系的设计和更新、制度及流程的调整往往滞后于业务发展的步伐。然而，在数字化驱动的内部控制体系中，制度和流程的灵活性得到了显著提升，这推动了内部控制体系设计和运行规则的变革。数字化内嵌的程序化、流程化、规范化特性为高校构建了一个严格、合理、完善的标准化管理体系，实现了从"事前规划、事中控制、事后分析"的全生命周期管理，确保各项业务和管理活动都能按照既定标

---

① 赵子强，任世碧. 数字经济"蝶变"成长 机构建议关注数字经济四大赛道. 证券日报［N］，2022-11-12（第 B2 版）

准高效执行。此外，数字化还推动了组织管理的扁平化，显著提高了管理效率。

（二）对风险评估的影响

数字经济对高校的风险评估也产生了深远影响。在传统模式下，风险评估往往依赖于有限的信息和手工操作，难以全面、及时地识别和控制风险。然而，在数字化环境下，高校可以运用大数据、人工智能等先进技术，对海量数据进行深度挖掘和分析，从而更准确地识别潜在风险，评估其影响程度和发生概率。这有助于高校提前制定应对策略，避免或减少风险带来的损失。同时，数字化还增强了风险预警和监控能力，使得高校能够实时掌握风险动态，及时调整内部控制措施，确保高校稳健运行。

（三）对内部控制活动的影响

内部控制活动旨在确保管理层指令的有效执行，涵盖了审批、授权、确认、核对、审核、资产保护以及职责分工等一系列政策和程序。这些活动有助于风险管理，并保障高校目标的达成。在数字化转型过程中，内部控制活动逐渐从事务驱动转变为数据驱动。通过连接不同部门的系统，实现了业务流程的全面数字化。数字技术的应用不仅重构了高校的业务流程和规则，还使得内部控制和管理过程更加智能化。例如，在数字化环境下，通过信息系统权限设置、电子签章、指纹识别、人脸识别等智能技术，形成了新的岗位牵制方式，有效确保了业务流程的安全性和规范性。信息化、标准化的内部控制系统不仅提高了内部控制的可操作性和执行效率，还简化了员工执行内部控制流程，使员工能够更高效地处理业务和应对风险，从而显著降低了内部管理的成本。

（四）对信息与沟通的影响

信息是交流的核心，对于满足团队和个体需求、促进有效职能执行至关重要。信息化内部控制有助于消除业务执行中的"信息孤岛"现象。通过运用现代管理技术的成果，内部控制信息化系统实现了信息的高度整合，使学校资源能够得到统一管理和共享。这样，组织内部成员可以实时获取业务和财务信息，并进行及时的沟通，从而实现最佳协作和利益共享。一个健全的内部控制信息系统不仅能够提供丰富的信息，还能打破原有职能部门的孤立状态，实现学校资源的统一管理和共享，推动组织架构从"金字塔型"向"扁平型"转变。这种转变不仅促进了学校管理与业务、各部门之间、各部门与学院之间的沟通，还能更好地满足教职员工个人的信息需求，如报销流程、个人教学科研活动、人事薪酬等。此外，它还为学校的主管部门、财政税务等业务管理部门、上级国家机关、审计纪检监察机关以及外部社会公众等提供了一个全面且高效的沟通平台。

（五）对监督的影响

监督是对内部控制系统在特定时段内运行状况的评估，其目标是确保内部控制的持续有效性。过去，尽管高校在管理层面构建了相对健全的内部控制体系，但常因执行不力而使得这些设计仅停留在表面，未能真正发挥监督和防范风险的作用。数字化内部控制利用信息技术的特性，能够自动化执行和监督过程，实现即时监督，从而提升了监督的效率和效果。通过系统化的设置，流程被固化，防止了人为干预和规避，监督方式从人工监督转变为自动化和智能化的监督，大幅降低了由于人工操作可能导致的不当行为和失误的风险，增强了监督的准确性和强制性。

四、高校内部控制信息化发展现状

高校内部控制的信息化主要通过构建统一的综合信息管理平台或整合现有的业务活动管理平台，将内部控制制度、风险评估、预警以及控制措施等核心要素融入其中，以实现内部控制的高质量、高效率、自动化和准确性。高校内部控制信息化系统的建设是一项全方位、全员参与、持续优化的系统工程项目。

近年来，高校在内部控制信息化建设方面已经取得了显著进展，特别是在财务部门，有效提高了内部控制的管理效率和监督质量。以预算管理为例，许多高校已建立预算管理平台，实现了预算数据的标准化收集和多级审核的自动化流程，并与省级预算一体化平台无缝对接，确保了财政部门的批复数据与校内项目和财务管理数据的高度匹配，从而大幅提升了预算数据的准确性和有效性。这不仅有效减少了手工操作带来的预算编制、审批、上报过程中的不规范性和信息滞后的问题，也极大地提升了内部控制的效率和效果。

随着高校高质量发展目标的推进，教学和科研水平的不断提高以及高校治理现代化的深入发展，对内部控制的要求也在逐步提升。然而，不同高校之间以及高校内部各部门在内部控制建设方面仍存在显著的不均衡性。因此，缺乏有效的内部控制信息化手段作为支撑，将直接影响高校的内部控制建设及其运行效果，使内部控制工作难以深入实施，从而无法实质性地提高管理效率和监督质量。具体而言，当前高校内部控制信息化建设主要面临以下几个问题。

（一）缺乏统一规划，内部控制信息化建设分散不成体系

高校内部控制及其信息化建设涉及预决算管理、收入支出管理、债权债务管理等财务业务，采购管理、合同管理、资产管理等资产业务，工程项目管理、科研项目管理、财政专项项目管理等项目业务以及人力资源管理、招生就业管理、教育教学管理等基本业务，还有工会、教育基金会管理、所属企业管理和其他附属单位管理等广泛业务领域。这些业务活动既相互独立又高度相互关联，因此，如何通过统一规划对这些业务进行分类、整合，并在单一平台上实现，显得尤为关键。然而，目前高校内部控制信息化建设的模式多为"积木式"或"补丁式"，缺乏前瞻性和系统性规划。通常是为了满足某一特定功能而开发独立系统，导致众多业务系统之间衔

接不畅。例如，采购管理部门开发了采购业务管理系统，却未考虑与财务、资产、合同等系统的整合，形成了各自为政的局面。尽管国家已出台高校信息化建设的相关标准，但由于高校业务种类繁多，不同软件公司在不同时间段开发的信息管理软件在设计思路和系统架构上存在差异，导致大多数信息管理系统相对独立，软件和模块之间缺乏统一的数据设计和接口，功能模块之间既有重叠又有空白，[①]信息管理系统之间的数据不通用且难以高效关联，这不仅加剧了"信息孤岛"问题，也使得整体控制系统的升级和扩展面临巨大挑战。

（二）内部控制制度建设滞后、流程繁杂、权责不清

在实施内部控制信息化的过程中，许多高校面临的一个主要障碍是内部控制制度及其执行细则的滞后性。通常，高校在构建内部控制制度时，只是简单汇总过去发布的制度文件，稍作修改后便冠以"内部控制"之名，缺乏系统性的研究和制定。这种做法可能导致制度文件之间存在矛盾、重叠、交叉或缺失，同时也可能使一些制度仍基于传统的线下手工操作场景，未能及时更新以适应全流程线上业务处理的需求。

与制度建设的滞后性相对应的是，制度执行过程中业务流程的同样滞后。一方面，许多流程设计并非基于真正的内部控制需求，而是出于一种"集体承担责任"的消极态度，导致任何可能涉及风险的业务都需要经过一系列烦琐的签字程序，从具体办事人员到主要校领导，每个人都需要签字确认。另一方面，流程设计过度复杂化，功能设计僵化且缺乏人性化，导致流程烦琐，各种分支条件、判断条件甚至难以通过信息化手段实现。这种现象使得师生们反映"功能太多，不知道选择哪个"，"使用起来烦琐，同一信息需要填写多次"，这些都反映了流程设计的问题。

---

① 徐颖，黄素芳，章晨，等.高校财务信息化建设现状与探索［J］.科学新闻，2020（3）：132-138.

（三）内部控制功能实现偏弱，用户体验效果较差

实际上，内部控制信息化并非全新理念，而是对传统业务管理模式的一种综合提升。然而，在从传统业务管理系统向内部控制信息化转变的过程中，大多数高校仅实现了表单生成、审批流程、变动处理等基础功能，这与真正的内部控制信息化还有显著差距。特别是在将权责分配、关联关系、钩稽校验、阈值设定、预警机制等控制功能有效融入办公自动化系统方面，仍显得不足或效率不高。以预算控制为例，许多高校的内部控制仍主要局限于财务部门，预算管理系统往往注重分配而忽视控制，系统中的预算分配与执行控制分离，预算执行缓慢，导致年底出现突击花钱的现象。此外，预算执行情况的统计分析存在困难，全流程的预算控制系统尚未完善，包括事前、事中、事后的全面预算控制机制尚未健全。

（四）决策支持不足，评价监督难以实现

内部控制信息化建设是一个持续迭代、逐步提升的过程。因此，在建设过程中，如何更及时、准确地为决策者和管理者提供业务和管理数据，以及反馈业务运营状况，以支持内部管理和决策，成为优化内部控制信息化建设的重要方向。然而，在实际工作中，由于缺乏决策分析工具或熟练掌握这些工具的内部控制人员，导致各个业务系统积累了大量业务数据，因此无法进行有效的整理、整合和展示。由于业务系统之间缺乏对接和共享，难以挖掘出隐藏在大量基础数据中的有价值信息。这不仅无法支持日常管理活动中的决策、规划、控制和分析，也无法及时准确地向上级部门提供内部控制评估结果，从而限制了管理者在内部控制优化决策方面的作用。

五、高校数字化内部控制体系建设

建设数字化内部控制系统意味着利用大数据、人工智能、互联网、云计算等数字技术，对高校的业务和管理活动进行全面流程赋能，旨在优化和提高管理效率，进而实现组织的控制目标，并增强组织的风险预防和管控能力。

（一）数字化内部控制体系建设原则

在构建高校的数字化内部控制体系时，应当依据学校的具体情况进行全面规划。根据学校管理的重点，逐步将各项业务活动及其内部控制流程整合到单位的信息系统中，以减少或消除人为干预，确保业务流程之间、业务与财务之间、系统与系统之间的顺畅连接和数据互通，保障信息安全，提升业务处理效率以及风险管理的有效性，促使内部控制从单纯制定规则向实现实际成效转变。

1. 有效性原则

在构建数字化内部控制体系的过程中，需要重点关注以下三个方面：首先，确保外部政策文件和单位内部控制制度要求得到严格执行，以保证相关政策和制度得到落实；其次，有效管理单位业务活动的风险，确保业务活动风险控制措施得到切实执行；最后，保障业务活动的顺畅运行，提高高校业务活动的管理效率。

2. 实用性原则

在建设数字化内部控制体系时，应紧密贴合高校的业务管理实际和现有的信息化水平，以确保系统的实用性和有效性。在满足整体建设需求的基础上，应将单位的内部控制制度和措施融入业务活动的管理信息系统中。内部控制信息系统不应是孤立的，而应确保高校业务活动的连续性和系统数据之间的顺畅对接，以最大限度地减少资源投入并提升效益。系统应具备灵活的业务活动管控能力、简便的操作流程和实用的功能。

3. 扩展性原则

在构建数字化内部控制体系时，应充分利用单位现有的信息系统和相关的信息化规划，同时考虑未来的业务发展需求。确保系统建设的兼容性和扩展性，以适应高校管理模式的变化、组织机构职能的调整以及业务管控的变化等。实现系统间的业务互联互通和数据共享，以促进内部控制体系的高效运作。

（二）数字化内部控制体系建设步骤

1. 组织开展内部控制信息化建设

在建设高校的数字化内部控制体系时，应依照学校的内部控制制度要求，成立专门的内部控制信息化建设管理部门（以下简称"信息化部门"）。该部门需结合学校的内部控制建设整体规划和制度体系，协调各业务部门开展信息化建设工作，并明确各部门的职责，包括内部控制信息化部门、业务归口部门和监督检查部门。信息化部门应有效沟通并整合业务部门的信息化建设意见，提出内部控制信息化建设的规划方案建议，与业务归口部门协商确认后，协同内部控制牵头部门向学校申报内部控制信息化建设工作。

2. 梳理细化内部控制制度体系建设成果

高校的信息化部门和内部控制主导部门应回顾并整理学校内部控制制度体系的建设成果，检查实现信息化所需的各种要素是否齐全以及制度体系的详细程度是否满足要求。列出相关要素和细节（包括现有的和缺失的），以便评估在内部控制信息化建设过程中需要补充和完善哪些制度体系内容。同时，根据内部控制制度流程的框架，分析制度流程的当前执行情况，确定各业务模块流程在信息化建设中的具体范围。

3. 分析单位业务活动相关系统

信息化部门与业务部门应依据业务流程信息化建设的框架范围，评估当前系统中已实现的功能，具体化各业务模块在信息化建设中的范围、功能目录，并确定与现有系统的业务配合方式。

4. 分析系统需求编制系统建设方案

高校的信息化部门应与相关单位紧密协作，基于各业务模块的信息化建设范围、功能目录及与现有系统的整合需求，对业务部门进行详尽的系统需求调研。他们需要精确地定义信息化建设的流程范围、功能描述、表单内容和报表格式等具体需求，并据此编制详细的业务功能需求文档。同时，信息化部门还需明确内部控制系统与现有系统之间的业务关联和数据交互需求，并编制业务模块的系统交互需求文档。

基于上述需求文档，信息化部门将进一步制定高校的内部控制信息化建设方案。该方案应明确内部控制信息化建设的总体目标、具体工作分配、建设需求的详细范围、实施步骤及建设资金的预算。方案在提交给单位审批并获得通过后,应据此执行。

5. 分步分模块实施内部控制信息系统

高校的信息化部门应按照已批准的建设方案,协调业务需求部门逐步实施内部控制信息系统。他们需要制定一套详细的系统建设实施计划,明确各建设阶段的具体任务内容、执行要求及时间节点。各业务需求部门需负责确认系统需求和实现情况,确保系统建设符合单位的实际业务管控需求。

6. 单位用户培训及系统切换上线

高校的信息化部门需根据建设方案,准备好内部控制系统正式运行所需的硬件和网络设施,并确保这些设施符合运行的相关标准和要求。在内部控制系统经过充分测试后,信息化部门应编制用户操作手册,并组织各业务部门的相关人员进行系统操作培训,以确保他们能够规范地使用系统。各业务部门需积极参与培训,并提供试用反馈。同时,按照实施计划的要求,业务部门应及时准备上线所需的数据,并确保数据的准确性和完整性。

7. 系统使用运行及优化完善

在系统正式投入运行后,信息化部门应及时收集业务部门对系统应用的反馈意见。针对这些反馈,信息化部门应对系统进行必要的改进和优化,确保内部控制要求能够有效地融入系统中,从而提高单位业务的控制和管理效率。

(三)数字化内部控制系统的架构设计

考虑高校内部控制信息化建设的当前状况和未来发展的需求,高校应当构建一个健全的数字化内部控制系统。该系统可采用"1＋3＋N"的应用架构模式,即一个统一的信息门户,三个核心平台(包括基础平台、数据共享平台和内部控制管理平台)以及多个业务应用系统。

1. 一个信息门户

信息门户是一个在线平台,通过互联网为校园网络用户提供访问内部控制系统的统一入口。用户可通过该门户接收和下载信息，并凭借密码权限登录不同的业务信息系统界面，以执行日常业务操作。

信息门户的关键职能包括：① 提醒用户待处理事项的功能；②支持通过栏目、关键字等多种方式对学校发布的公告、最新信息等进行全面的信息检索；③提供与业务应用系统及内部控制管理平台的登录接口。其中，第①项和第③项职能仅限于校内网络用户使用。

2.三个平台

三个平台包括基础平台、数据共享平台以及内部控制管理平台，适用于高校内所有纳入内部控制评价范围的部门。

（1）基础平台。基础平台为内部控制信息系统提供了关键的信息技术支撑（包括系统软件和硬件的配备），它是所有业务模块开发和技术集成的基石。作为信息系统的基础设施，基础平台以服务器和网络为核心，配备了全面的系统硬件和软件资源，以确保上层平台和应用系统的稳定、高效运作。

基础平台还承担着高校信息系统安全的总体规划和严格管理的责任。为了确保系统安全，基础平台采取了多项措施，包括安装病毒防护软件，以预防信息系统受到病毒或其他恶意软件的侵害；定期更新防火墙和网络设备（如路由器），以应对潜在的安全威胁；利用安全漏洞扫描和黑客入侵检测等技术，严密防范来自互联网的非法入侵，从而确保整个系统的网络安全。

（2）数据共享平台。作为公共数据管理的核心枢纽，数据共享平台肩负着搜集高校内部控制关键数据的重任。这些关键数据覆盖了预算、财务、资产、合同、项目等多个业务领域。该平台将业务流程、权限金额和制度规范等关键要素固化，确保所有业务活动遵循既定规则进行数据采集、分类存储和共享。这种做法有效"限制了权力的滥用"，推动相关人员规范行事，确保内部控制得到有效执行，从而提高高校内部控制的工作效率。

数据共享平台通过统一的规范来采集数据，确保共享数据的准确性和安全性，为上层业务系统提供高效便捷的数据服务。一个完善的数据共享平台应当包含原始数据层、公共数据库层和信息服务层，以支持不同层次的数据处理和信息服务需求。

第一，原始数据层负责与后台数据库的直接交互，规范各类业务信息数据的提取，并构建统一的代码库和业务规则库。例如，在此层设定不同岗位的操作权限，确保不相容岗位的操作分离。代码库用于维护数据业务字典的一致性，而业务规则库则存储各类通用业务规则，保障数据的完整性和准确性。一旦检测到违反规则的数据，系统将自动发出预警信息，以提示相关人员及时采取措施。原始数据层的目的是将内部控制制度的执行从人工操作转变为自动化流程，降低人工干预需求，简化内部控制过程。

第二，公共数据库层负责提供统一的数据库访问和用户认证服务。它通过数据适配器实现对不同业务系统数据的整合，包括外部数据缓冲区、中心数据库、数据异构性消除模块和面向外部的数据库发布系统。外部数据缓冲区处理外部用户通过校园门户直接更新信息时可能出现的数据质量问题；中心数据库维护数据的完整性和安全性；数据异构性消除模块解决不同部门业务系统间数据格式不兼容的问题，确保数据的一致性；而面向外部的数据库发布系统则提高对外信息服务的安全性和效率。公共数据库层的目的是为不同部门之间的数据共享和查询提供便捷接口。

第三，信息服务层基于各业务系统提供的服务，进一步提供增值服务。它通过数据接口实现对信息门户页面的集成，确保集成应用的界面一致性。信息服务层的目的是为信息门户的构建提供必要的基础服务。

（3）内部控制管理平台。该平台专注于核心功能，如内部控制信息的集中管理、风险预警的及时发布以及内部控制评价的有效反馈，旨在持续优化现有内部控制体系，并与高校管理形成互利共生的紧密关系，以满足高校内部控制管理的各项需求。该平台通过信息资源的开发和共享，推动高校由传统的"被动执行"模式转变为"主动决策"模式，由"经验驱动"向"数据驱动"转变，进而实现从"事后反应"到"事前预测"的跨越。

借助大数据、云计算、人工智能等信息化新技术，内部控制管理平台能够帮助高校根据特定分析目标对数据进行多角度、可视化的分析和挖掘，揭示潜在信息，构建数据神经网络，将数据信息有效转化为管理资源。此外，该平台还提供了外部数据报表，满足了内部决策需求，能够评估和诊断学校各项业务的执行情况，清晰展现业务中的风险点，从而助力高校更好地实现其内部控制目标。

3. N 套业务应用系统

业务应用系统是高校利用现代信息技术构建的关键业务管理平台，涵盖了预算管理信息系统、资产管理信息系统、财务管理信息系统、基础建设管理信息系统和全面风险管理系统等多个方面。这些系统通过对数据进行全面、持续的监控与管理，确保了业务数据、系统运作数据和内部控制过程数据的规范性、集中存储和即时访问，共同构建了一个庞大的数据池。这个数据池为高校提供了深入数据挖掘和分析的基础，有助于提高管理效率和决策质量。

六、高校内部控制数字化转型发展

（一）制度先行，引导内部系统升级进步

制定明确的内部控制规范是高校内部控制信息化建设的基础。缺乏制度支撑的内控系统可能导致无人问津或只能与传统线下纸质流程并行。

首先，高校应参照国家发布的内部控制相关制度文件，结合对各项业务活动流程和风险防控点的详尽梳理，及时更新或完善整体的内部控制规范，并优化分类业务制度文件。在构建内部控制制度时，需充分考虑其信息化可行性，确保制度内容清晰、具体、可标准化，并能够通过信息化工具实施相应的控制措施。

其次，对业务流程进行彻底的审查和优化是内部控制制度建设的核心。高校应依据不同层级职能部门的职责分配，对关键业务流程进行全面梳理，包括业务内容的细分和权责体系的流程设计。通过深入分析各项业务的特性，明确业务的目标、范围和职责。同时，要细致查找现有制度中可能存在的漏洞、重复、冲突、不明确或与业务流程关联度不高的问题，并对现有制度（标准）进行必要的修订和整合，确保制度、流程、岗位职责和控制要求的一致性，为制度和流程的信息化实施提供坚实支撑。

（二）利用信息化手段强化内部控制功能应用

高校需将各项业务活动及其相应的内部控制流程全面且深入地整合进信息化平台，确保业务流程中的决策、执行和监督机制与业务活动的时间顺序和逻辑关系相吻合，并对每个环节中的单位、岗位设置进行详细划分，明确各自的职能范围和职责分工。

一方面，高校应确保信息化平台中各个关键模块之间的顺畅连接、信息共享和业务协同，以减少人为干预的可能性，提高办事效率和管理水平。

另一方面，在将内部控制整合进信息化平台的过程中，高校应避免将内部控制简单地视为"增加要素"，即不断添加表单、审批流程和附件材料并不会提升内部控制的有效性，反而可能影响用户体验。因此，高校在推动内部控制信息化的过程中，应努力将内部控制功能无缝地融入整个平台，实现内部控制与业务流程的和谐共生。

（三）健全决策支持系统，实现内部控制动态评价监督

构建高校内部控制信息化体系的一个关键目标在于更有效地对业务活动进行持续的评估和监控。在信息化内部控制系统中，高校应利用数据仓库、数据挖掘和在线分析等创新技术，构建一个与内部控制能力相匹配的决策支持平台。

首先，通过整理、分析和挖掘大量数据，平台不仅能为内部控制评估人员提供即时的数据反馈，还能为校领导提供用于决策的静态数据概览和动态趋势分析。

其次，将日常监督和专项检查的结果整合进决策支持数据仓库，有助于深入分析内部控制执行中出现的主要问题、管理缺陷和脆弱环节，从而强化和改进内部控制的方法和策略。

最后，将内部控制评估监督工作融入决策分析规则，明确评估方法、标准和公式，可以协助内部部门自主进行内部控制自我评估。同时，将经济责任审计、专项审计、党风廉政建设责任制检查、校园巡察等监督工具纳入决策分析功能，能有效提升对不作为、乱作为等内部控制风险的预防

和控制效能。

综上所述，高校内部控制的转型发展应充分利用数字技术对内部控制的支撑作用。内部控制管理部门与信息技术部门应紧密合作，基于优化内部控制制度流程建设和执行的目标，共同探索和开发数字化内部控制管理工具的应用。鉴于内部控制涉及高校的所有部门，有必要对全体员工进行关于数字化内部控制系统和流程的培训，确保全员理解内部控制制度并具备操作能力。

七、高校财务信息化建设

数字技术，如大数据和人工智能，能够显著提升内部控制体系的效能和效率，特别是在财务报表相关的内部控制方面，这是内部控制体系中至关重要的环节。因此，构建健全的财务信息系统是推进数字化内部控制转型的核心所在。

高校财务信息系统是指采用现代信息技术，将高校的各类会计和财务活动与计算机技术、网络通信等 IT 手段相结合，从而构建一个能够提供精确、及时、集成度高的财务信息的管理信息系统。该系统的主要目的是支持高校的会计流程和财务决策，以满足高校的管理目标和战略需求。

近年来，高校财务部门已经开始积极采用信息技术对财务管理和服务流程进行改进，并在财务信息化建设方面取得了显著成果。众多高校通过实施预算管理、薪酬管理、收费管理、在线预约、电子签批和智能报账等系统，极大地提高了财务管理效率和服务质量。

高校财务信息不仅涵盖了与外部实体如行政机关、事业单位、银行、税务、价格监管机构以及其他企业的交互，也包括了与内部实体如各院系、实验室、教职工、学生等的交流。内容上，它覆盖了筹资、投资、预算、决算、核算和监督等财务行为，同时也拓展到了采购管理、合同管理、资产管理、绩效评估和信息公开等多样化的业务活动。财务信息化建设已成为高校提高财务管理效率和内部治理水平不可或缺的路径。

（一）高校财务信息化发展的瓶颈

综合观察，高校财务部门在信息化建设上已投入大量努力，但信息化建设作为一项复杂的系统工程，需要高校从全局出发，对业务流程进行全面改进，并对管理服务体系进行整体优化。若未能做到这一点，高校财务信息化的效能将受到限制。尽管现代信息技术为组织管理的持续改进和升级提供了技术保障，但目前高校财务信息化建设的水平与高校提升治理能力对财务管理提出的更高要求之间仍存在一定差距。高校财务信息化建设当前面临以下几个主要挑战。

1. 财务信息化硬件与信息安全建设的挑战

在财务信息化硬件设施方面，财务部门受限于资源，机房建设尚未达到专业标准。作为学校财务数据的主要存储中心，机房需满足特定面积要求，并配备双电源、UPS（不间断电源）、温度控制、门禁、视频监控和消防设备，并进行全天候监控。此外，系统应能自动执行应急预案，并通过多种方式及时通知维护人员。目前，这些要求超出了财务部门的实施能力。在财务信息安全方面，虽然通过 VLAN（虚拟局域网）技术实现了网络的逻辑隔离，但在身份验证、访问控制、防病毒和灾难恢复等安全防护措施上，仍需进一步改进和完善。

2. 信息系统升级扩展困难

随着高校信息化建设的深入，各部门已建立自己的信息管理系统，但技术和成本等限制导致财务部门与其他部门在系统开发和应用上缺乏统筹规划。由于各部门与不同软件公司在不同时期合作开发了各异的信息管理软件，这些系统之间的架构差异导致软件和模块之间缺乏统一的数据设计和接口。这种缺乏通用性和高效关联的问题形成了"信息孤岛"，使得整个信息系统的升级和扩展变得极为困难。

3. 数据治理难度较大

目前，高校各信息系统和模块间缺乏有效联动，导致数据孤立，易产生数据冗余和一致性问题，增加了财务数据统计、挖掘和分析的难度。由于各系统独立运行，业务数据共享和监管困难，财务预算和核算人员难以通过系统自动控制不合规业务，导致业务监管效率低下。此外，系统操作的不关联性不仅带来操作上的不便，还导致同一业务需要在多个系统中重复录入，增加了大量重复性工作。财务信息系统作为高校财务信息化建设的基础，若不对其各个部分和业务流程进行优化整合，提升系统的内部集成度，将难以提升财务信息系统的效率和效果。

4.财务信息化建设滞后

信息技术的飞速发展，特别是电子签名、移动认证、电子扫描和大数据存储技术的进步，推动了财务领域向电子会计档案、电子税务发票和电子财政票据等信息化产品的转变。这些转变已得到国家的积极推广，预示着高校财务管理将趋向更深层次的信息化，会计流程将全面电子化，并与上级主管部门实现数据直连。这将成为高校财务发展的主流趋势。虽然高校已提前规划和布局以适应这一趋势，但目前高校在财务信息化建设和实践上尚未完全适应新技术带来的信息化发展需求，未实现财务和业务流程的全面重构，也未建立一个科学先进的高校财务综合管理一体化平台。

（二）高校财务信息化建设的建议

在高校所处的内外环境持续演变和进步的背景下，高校财务的职能已经从基本的业务核算上升到为高校决策提供战略支持的重要地位。作为内部控制体系中提供技术支持和关键组成部分的财务信息化，其作用日益增强，为高校的财务管理注入了更大的价值。

1.统筹规划信息化体系

高校应全面规划本单位的财务信息化建设，优化制度、组织和管控体系，促进不同部门和业务之间的协作，逐步发展出一个具有前瞻性的数字化和智能化财务系统。需要统一基础架构、流程和数据规范，整合现有的财务系统，并与业务系统实现深度融合，防止数据孤立。此外，应推动业务和财务信息的全面整合，建立具有因果关系的数据结构，实现业务、财务和技术的集成管理和协同优化，促使决策过程从依赖经验向数据和模型驱动的转变。同时，建立健全的数据生命周期治理体系，强化数据源头的治理，提高数据质量，保护数据资产，发挥数据的价值。另外，加强系统、平台和数据的安全管理，建立坚实的安全防护体系。

2. 高效整合信息化应用

高校财务信息化建设的核心目标是实现各个业务模块和系统之间的顺畅整合。为了达到这一目标，必须对学校的业务和财务活动进行全面的系统化考虑，改进和整合不再适应现状的业务流程，通过流程再设计来实现高校财务信息管理的一体化。一体化建设的实施可以分为两个阶段。

第一阶段，对财务预算、核算、决算、薪酬、收费、资产等关键业务流程以及与之相关的外部业务进行全面的重新设计和优化，确保各项业务协作的一致性。

第二阶段，对系统中的财务数据进行标准化、系统化、层次化和细致化的整理和分类，建立统一的数据结构和数据接口，并对财务相关的职能业务内容进行改进或进一步开发，以实现信息系统的全面整合。

3. 注重高级拓展功能开发

在高校财务信息化建设的进程中，重视基于传统财务信息化的先进应用功能的开发至关重要。这些功能对提高财务管理效率和质量具有显著影响。高校财务信息化的未来拓展应用主要涵盖以下几个方面。

智能财务控制：利用数据库和数据监控技术，信息系统可以自动执行预算、核算、决算等业务的预警、监督和控制。

决策支持系统：通过数据仓库、数据挖掘和在线分析处理技术，对大量财务数据进行整理、分析和挖掘，为财务人员提供业务报表和图表等处理结果，并为高级管理人员提供静态数据分析和动态发展趋势图支持决策。

移动办公支持：鉴于高校财务活动的动态特性，通过移动设备实现财务信息的快速传递和处理，提升用户体验。

4. 完善面向未来的财务人才队伍建设体系

建立一个完善的财务人才选拔、培养、使用、管理和储备体系，打造一支政治坚定、作风优良、职责明确、专业高效、充满活力的财务人才队伍。这支队伍应实现能力多元化、结构优化，同时数量和质量都能满足时代发展的需求，持续满足高校管理的需要。此外，构建一个与高校高质量发展目标相符的复合型财务人才能力提升框架，重点提升科学思维、创新效率、风险控制、协调统筹等方面的能力，并建立多层次的财务人才培养和培训体系。

　　同时，加大财务人员轮岗交流的力度，建立关键岗位的任职资格要求和科学评价体系，加强正向激励和引导，确保职业发展通道的畅通。强化党建引领和文化建设，营造积极向上的工作氛围，培养正直廉洁的团队精神和健康积极的财务文化，推动财务人才不断提高政治素养和党性修养，坚守职业道德和行为准则。

参考文献

一、中文类参考文献

［1］曹彤华．基于财务风险管控视角下的高校内部控制措施研究［J］．财讯，2024（2）：22-24.

［2］陈汉文，王韦程．董事长特征、薪酬水平与内部控制［J］．厦门大学学报（哲学社会科学版），2014（2）：90-99.

［3］陈丽蓉，罗星，韩彬．高管变更对内部控制质量的影响研究［J］．财会通讯，2016（30）：65-68，129.

［4］陈奇．高校财务内部控制制度研究［D］．昆明：云南大学，2015.

［5］陈玉芝．内控视角下高校资产管理与财务管理相结合的策略研究［J］．会计师，2024（1）：73-75.

［6］程小可，杨程程，姚立杰．内部控制、银企关联与融资约束——来自中国上市公司的经验证据［J］．审计研究，2013（5）：80-86.

［7］池国华，张传财，韩洪灵．内部控制缺陷信息披露对个人投资者风险认知的影响：一项实验研究［J］．审计研究，2012（2）：105-112.

［8］戴勇姣．防腐目标下高校财务内部控制研究［D］．湘潭：湖南科技大学，2016.

［9］范海连．高校财务内部控制研究［D］．武汉：湖北工业大学，2015.

［10］范经华，张雅曼，刘启亮.内部控制、审计师行业专长、应计与真实盈余管理［J］.会计研究，2013（4）：81-88.

［11］方红星，金玉娜.公司治理、内部控制与非效率投资：理论分析与经验证据［J］.会计研究，2013（7）：63-69.

［12］方淑津.管理会计在高校财务规划中的应用［J］.财会学习，2019（12）：139-140.

［13］方婷.我国高校财务内部控制问题研究［D］.武汉：江汉大学，2017.

［14］郭磊.管理会计在高校财务规划中的应用研究［J］.行政事业资产与财务，2019（24）：57-58.

［15］何沈唯.政府会计制度下高校往来款核算研究［J］.天津经济，2024（4）：67-69.

［16］何珍.规范我国高校财务内部控制制度研究［D］.成都：四川师范大学，2012.

［17］胡豫晗，孙璐.高校财务会计内部控制策略分析［J］.经济师，2024（3）：104-105.

［18］黄江贵.基于智慧财务的高校内部控制优化策略研究［J］.中国总会计师，2024（4）：144-146.

［19］黄奕菲.基于智慧财务的高校内部控制管理体系构建与优化［J］.福建技术师范学院学报，2024，42（1）：63-69.

［20］焦可欣.基于业财融合的高校财务管理优化思考［J］.合作经济与科技，2024（11）：152-153.

［21］康均，范美华.内部控制有效性及其影响因素实证研究——基于中国A股的经验数据［J］.财会通讯，2013（27）：46-49.

［22］雷辉，刘婵妮.董事会特征对内部控制质量的影响——基于我国A股上市公司面板数据研究［J］.系统工程，2014（9）：11-18.

［23］李晨晨.H高校财务内部控制问题研究［D］.大庆：东北石油大学，2019.

［24］李端生，周虹.高管团队特征、垂直对特征差异与内部控制质量［J］.审计与经济研究，2017（2）：24-34.

［25］李将敏，陈淑芳.内部控制缺陷披露对资本成本的影响研究——基于沪深两市 A 股的经验数据［J］.西安财经学院学报，2014（6）：54-60.

［26］李乐.以创建"五型"机关为载体提升高校财务服务质量［J］.中国管理信息化，2024，27（7）：55-58.

［27］李鹏.高校财务内部控制问题与对策研究［D］.保定：河北大学，2018.

［28］李盛贤.人工智能对高校财务的赋能影响［J］.创新科技研究，2024，2（1）：

［29］李万福，陈晖丽.内部控制与公司实际税负［J］.金融研究，2012（9）：195-206.

［30］李万福，林斌，宋璐.内部控制在公司投资中的角色：效率促进还是抑制？［J］.管理世界，2011（2）：81-99.

［31］李欣，郝冬冬.强内控促高校财务高质量发展［J］.商业 2.0，2024（3）：105-107.

［32］李玉茹.民办高校智慧财务管理实践探索——以上海杉达学院为例［J］.新会计，2024（4）：48-51.

［33］李越冬，张冬，刘伟伟.内部控制重大缺陷、产权性质与审计定价［J］.审计研究，2014（2）：45-52.

［34］林钟高，丁茂桓.内部控制缺陷及其修复对企业债务融资成本的影响——基于内部控制监管制度变迁视角的实证研究［J］.会计研究，2017（4）：73-80.

［35］刘剑.高校财务管理工作中会计档案资料的积累策略［J］.档案管理与企业发展研究，2024，2（3）：

［36］刘进，池趁芳.高管团队特征、薪酬激励对内部控制质量影响的实证研究——来自创业板上市公司的经验数据［J］.工业技术经济，2016（2）：60-67

［37］刘淑云，王文君，贾存栋，等.高校仪器设备管理模式演变与智慧管理创新［J］.实验技术与管理，2024，41（03）：272-278.

［38］刘行健，刘昭.内部控制对公允价值与盈余管理的影响研究［J］.审计研究，2014（2）：59-66.

［39］刘亚军.L 职业技术学院财务内部控制改进研究［D］.西安：西安理工大学，2019.

［40］刘焱，姚海鑫.高管权力、审计委员会专业性与内部控制缺陷［J］.南开管理评论，2014（2）：4-12.

［41］刘钊.高校财务内部控制中存在的问题及对策探讨［J］.中国产经，2024（6）：114-116.

［42］刘中华，梁红玉.内部控制缺陷的信贷约束效应［J］.审计与经济研究，2015（2）：13-20.

［43］柳志.上市公司审计委员会特性对内部控制质量影响的实证研究［J］.商业会计，2011（35）：43-45.

［44］陆柏言.高校内部审计对财务管理的促进作用与对策研究［J］.环渤海经济瞭望，2024（4）：161-164.

［45］马金玉.URP 视域下高校会计核算存在的问题及对策［J］.投资与创业，2024，35（7）：23-25.

［46］马晶林.数字化时代高校财务管理中的人才培养策略研究［J］.市场周刊，2024，37（13）：178-181.

［47］马新琴.智慧财务视角下的高校财务风险及内控策略［J］.纳税，2024，18（8）：100-102.

［48］梅菊芬，申朝凤，张心灵.智慧财务内部控制评价体系的构建——以 A 农业高校为例［J/OL］.会计之友，1-8［2024-05-28］.http：//kns.cnki.net/kcms/detail/14.1063.F.20240410.1706.002.html.

［49］牟韶红，李启航，于林平.内部控制、高管权力与审计费用：基于 2009—2012 年非金融上市公司数据的经验研究［J］.审计与经济研究，2014（4）：40-49.

［50］奈特.风险、不确定性与利润［M］.安佳，译.北京：商务印书馆，2010：12-17.

［51］牛小会.数智化时代高校财务管理创新研究［J］.经济师，2024（4）：32-33.

［52］欧凯丽，李欢.内部控制、管理层权力与在职消费［J］.财会通讯，2019（3）：100-103.

［53］钱宇晴.财务管理专业课程思政教育教学改革研究——以 A 高校为例［J］.经济师，2024（4）：194-195.

［54］任天时.新时期高校财务管理面临的挑战与理念创新［J］.今日财富，2024（12）：77-79.

［55］任源.高校财务管理问题浅议［J］.合作经济与科技，2024（11）：156-157.

［56］宋妙妮.廉政建设新形势下高校财务内部控制问题研究［D］.长沙：湖南中医药大学，2015.

［57］孙慧，程柯.政府层级、内部控制与投资效率——来自国有上市公司的经验证据［J］.会计与经济研究，2013（3）：65-74.

［58］谈礼彦.公司治理特征对内部控制质量的影响［J］.财会通讯，2019（5）：52-55.

［59］田凤枝.新时期高校财务管理面临的挑战及对策研究［J］.市场周刊，2024，37（10）：149-152.

［60］田高良，齐保垒，李留闯.基于财务报告的内部控制缺陷披露影响因素研究［J］.南开管理评论，2010（4）：134-141.

［61］王兵，张丽琴.内部审计特征与内部控制质量研究［J］.南京审计学院学报，2015（1）：76-84.

［62］王博.M 高校财务内部控制的问题与对策研究［D］.银川：宁夏大学，2019.

［63］王春丽.数字化时代高校财务管理专业线上线下混合式教学应用探究［J］.经济师，2024（4）：172-173.

［64］王芳.数字化时代高校财务共享平台构建［J］.网络安全和信息化，2024（4）：25-27.

［65］王鹏，窦欢，刘威仪.内部控制质量、企业特征与盈余质量［J］.中国注册会计师，2013（2）：45-51.

［66］王青海.高校财务管理信息化建设问题及对策研究［J］.市场周刊，2024，37（10）：141-144.

［67］王守飞.高校财务内部控制系统信息化建设初探［J］.北京工业职业技术学院学报，2024，23（2）：101-103.

［68］王晓蕊.H 高校财务内部控制问题研究［D］.哈尔滨：哈尔滨工业大学，2022.

［69］王怡辰.地方高校财务内部控制研究［D］.沈阳：沈阳大学，2018.

［70］威廉姆斯，汉斯.风险管理与保险［M］.陈伟，译.北京：中国商业出版社，1990：5-18.

［71］卫诗白.基于"大财务观"视角的高校财务管理智能化路径探索［J］.今日财富，2024（12）：161-163.

［72］蔚风英，林爱梅.内部控制有效性影响因素研究［J］.财会通讯，2015（18）：87-90.

［73］吴瑾秋.管理会计视角下的高校财务流程优化［J］.财会学习，2024（10）：7-9.

［74］吴秋生，刘沛.企业文化对内部控制有效性影响的实证研究——基于丹尼森企业文化模型的问卷调查［J］.经济问题，2015（7）：106-114.

［75］吴争.H 高校财务内部控制策略研究［D］.株洲：湖南工业大学，2016.

［76］肖家建."双一流"建设下 G 高校财务报销核算效率提升研究［J］.教育财会研究，2024，35（1）：29-34.

［77］肖璐.我国高校财务风险内部控制研究［D］.南昌：江西财经大学，2016.

［78］谢小红.防范腐败可从加强财务管理入手［N］.中国会计报，2011-05-13（13）.

［79］杨丹.以财务信息化建设为契机加强高校财务内部控制［J］.营销界，2024（5）：71-73.

［80］杨德明，林斌，王彦超.内部控制、审计质量与大股东资金占用［J］.审计研究，2009（5）：74-81.

［81］杨佳宁.数字经济背景下高校财务内部控制建设研究［J］.商业2.0，2024（3）：10-12.

［82］杨清香，俞麟，宋丽.内部控制信息披露与市场反应研究——来自中国沪市上市公司的经验证据［J］.南开管理评论，2012（1）：123-130.

［83］杨松．智能财务体系下高校财务内部控制策略研究［J］．财会学习，2024（10）：155-157.

［84］杨雪琴．数字化转型视角下高校财务管理存在的问题及对策探讨［J］．活力，2024，42（09）：61-63.

［85］杨宗昊．高等学校财务内部控制问题研究［D］．大连：大连海事大学，2015.

［86］叶陈毅，李聪，李佳萱，董雪琪．内部控制、媒体关注与企业社会责任研究［J］．会计之友，2019（7）：36-42.

［87］叶建芳，李丹蒙，章斌颖．内部控制缺陷及其修正对盈余管理的影响［J］．审计研究，2012（6）：50-59.

［88］易全格．优化财务管理，促进公立高校中外合作办学项目高质量发展［J］．河北地质大学学报，2024，47（2）：130-134.

［89］游正飞．COSO 内部控制视角下高校科研经费财务管理制度和绩效评估优化研究［D］．南昌：江西师范大学，2021.

［90］于雪彦，牛盼强．行业景气度、内部控制与非效率投资［J］．现代管理科学，2015（7）：61-63.

［91］张贺．基于财税体制改革的高校财务管理形势与任务探思［J］．经济师，2024（4）：104-105.

［92］张红英，高晟星．内部控制缺陷和审计费用关系的实证研究——基于内部控制缺陷细化视角［J］．财经论丛，2014（8）：51-59.

［93］张华良，何晓梅，王诚，等．高校财务规划编制思考［J］．财会通讯（理财版），2007（5）：35-36.

［94］张继德，纪佃波，孙永波．企业内部控制有效性影响因素的实证研究［J］．管理世界，2013（8）：179-180.

［95］张继勋，周冉，孙鹏．内部控制披露、审计意见、投资者的风险感知和投资决策：一项实验证据［J］．会计研究，2011（9）：66-73.

［96］张琪．高校财务内部控制信息化建设分析［J］．中国乡镇企业会计，2024（3）：160-162.

［97］张睿天．关于新会计制度对高校会计核算的影响研究［J］．商讯，2024（2）：57-60.

［98］张颖，郑洪涛．我国企业内部控制有效性及其影响因素的调查与分析［J］．审计研究，2010（1）：75-81.

［99］赵家龙．如何提高高校财务管理内控制度的执行力［J］．活力，2024，42（2）：136-138.

［100］周传丽，余春芳．高管配置、非效率投资与内部控制关系——基于上市家族企业的经验证据［J］．北京工业大学学报（社会科学版），2015（3）：26-33.

［101］周炜．基于管理会计视角下的高校财务内控优化措施［J］．财经界，2024（3）：153-155.

二、外文类参考文献

［1］ABDULAAL M R, FILALI Y I, ALAWI M S, et al. Modification of strategic planning tools for planning financial sustainability in higher education institutions［J］. Journal of Engineering Research, 2024, 12（1）: 192-203.

［2］AGARWAL R, JAIN M. A study of financial planning behavior of women college teachers working in Delhi-Ncr［J］. Electrochemical Society Transactions, 2022, 107（1）: Smart Green Connected Societies.

［3］ASHBAUGH-SKAIFE H, COLLINS D W, KINNEY W R. The discovery and reporting of internal control deficiencies prior to SOX-mandated audits［J］. Journal of Accounting and Economics, 2007, 44（1-2）: 166-192.

［4］ASHBAUGH-SKAIFE H, COLLINS D W, KINNEY W R, et al. The effect of SOX internal control deficiencies and their remediation on accrual quality［J］. The Accounting Review, 2008, 83（1）: 217-250.

［5］BENEISH M D, BILLINGS M B, HODDER L D. Internal control weaknesses and information uncertainty［J］. The Accounting Review, 2008, 83（3）: 665-703.

［6］BOGDAN R. Aspects regarding the implementation of internal control in mining companies［J］. Annals of the University of Petrosani: Economics,

2014, 14（1）: 305-316.

[7] BROCHET F. Information content of insider trades before and after the Sarbanes-Oxley Act [J]. The Accounting Review, 2010, 85（2）: 419-446.

[8] BROWN K E, LIM J H. The effect of internal control deficiencies on the usefulness of earnings in executive compensation [J]. Advances in Accounting, 2012, 28（1）: 75-87.

[9] BRUYNSEELS L, CARDINAELS E. The audit committee: Management watchdog or personal friend of the CEO? [J]. The Accounting Review, 2014, 89（1）: 113-145.

[10] CHEN Y, ESHLEMAN J D, SOILEAU J S. Board gender diversity and internal control weaknesses [J]. Advances in Accounting, 2016（33）: 11-19.

[11] CHERNOBAI A, JORION P, YU F. The determinants of operational risk in U.S. Financial Institutions [J]. The Journal of Financial and Quantitative Analysis, 2011, 46（6）: 1683-1725.

[12] DEAKIN S, KONZELMANN S J. Learning from Enron [J]. Corporate Governance-an International Review, 2004, 12（2）: 134-142.

[13] DEFOND M L, LENNOX C S. The effect of SOX on small auditor exits and audit quality [J]. Journal of Accounting and Economics, 2011, 52（1）: 1-40.

[14] DIKAN L V, SYNYUHINA N V, DEYNEKO Y V. Internal control under public financial control system reformation: The state of implementation and development prospects [J]. Actual Problems of Economics, 2014, 154（4）: 446-454.

[15] DOYLE J, GE W, MCVAY S. Determinants of weaknesses in internal control over financial reporting [J]. Journal of Accounting and Economics, 2007, 44（1-2）:193-223.

[16] ENGEL E, HAYES R M, WANG X. The Sarbanes-Oxley Act and firms' going-private decisions [J]. Journal of Accounting and Economics, 2007, 44（1-2）: 116-145.

[17] FAERMAN S R, MCCAFREY D P, VAN SLYKE D M. Understanding Interorganizational Cooperation: Public–private collaboration in regulating financial market innovation [J] . Organization Science, 2001, 12 (3) : 372–388.

[18] FERNANDEZ C, ARRONDO R. Alternative internal controls as substitutes of the board of directors [J] . Corporate Governance: An International Review, 2005, 13 (6) : 856–866.

[19] GARG M. The effect of internal control certification regulatory changes on real and accrual based earnings management [J] . European Accounting Review, 2018, 27 (5) : 817–844.

[20] GOH B W, LI D. The disciplining effect of the internal control provisions of the Sarbanes–Oxley Act on the governance structures of firms [J] . The International Journal of Accounting, 2013, 48 (2): 248–278.

[21] GONG G, KE B, YU Y. Home country investor protection, ownership structure and cross–listed firms' compliance with SOX–Mandated internal control deficiency disclosures [J] . Contemporary Accounting Research, 2013, 30 (4) : 1490–1523.

[22] GORDON L A, WILFORD A L. An analysis of multiple consecutive years of material weakness in internal control [J] . The Accounting Review, 2012, 87 (6) : 2027–2060.

[23] HACKETT C, JEONGHYUN K. Planning, implementing and evaluating research data services in academic libraries: a model approach [J] . Journal of Documentation, 2024, 80 (1) : 27–38.

[24] HOITASH U, HOITASH R, BEDARD J C. Corporate governance and internal control over financial reporting: A comparison of regulatory regimes [J] . Accounting Review, 2009, 84 (3) : 839–867.

[25] HOLM C, LAURSEN P B. Risk and control developments in corporate governance: Changing the role of the external auditor? [J] . Corporate Governance–an International Review, 2007, 15 (2) : 322–333.

[26] HUANG S M, YEN D C, HUNG Y C, et al. A business process gap

参考文献

detecting mechanism between information system process flow and internal control flow ［ J ］. Decision Support Systems, 2009, 47 （ 4 ）: 436-454.

［ 27 ］ HUNTON J E, MAULDIN E G, WHEELER P R. Potential functional and dysfunctional effects of continuous monitoring ［ J ］. The Accounting Review, 2008, 83 （ 6 ）: 1551-1569.

［ 28 ］ JENSEN K L, PAYNE J L. Management trade-offs of internal control and external auditor expertise ［ J ］. Auditing: A Journal of Practice & Theory, 2003, 22 （ 2 ）: 99-119.

［ 29 ］ JENSEN M C. The modern industrial revolution, exit, and the failure of internal control systems ［ J ］. The Journal of Finance, 1993, 48 （ 3 ）: 831-880.

［ 30 ］ JOKIPII A. Determinants and consequences of internal control in firms: A contingency theory based analysis ［ J ］. Journal of Management and Governance, 2009, 14 （ 2 ）: 115-144.

［ 31 ］ KIM J B, YEUNG I, ZHOU J. Stock price crash risk and internal control weakness: presence vs. disclosure effect ［ J ］. Accounting & Finance, 2019, 59（ 2 ）: 1197-1233.

［ 32 ］ KRAUS K, STRÖMSTEN T. Internal/inter-firm control dynamics and power—A case study of the Ericsson–Vodafone relationship ［ J ］. Management Accounting Research, 2016 （ 33 ）: 61-72.

［ 33 ］ KRISHNAN J. Audit committee quality and internal control: An empirical analysis ［ J ］. The Accounting Review, 2005 （ 80 ）: 649-675.

［ 34 ］ LAWRENCE T, SUDDABY R. Institutions and institutional work ［ M ］ //S R Clegg, C Hardy, W R NORD, et al. The SAGE Handbook of Organization Studies（ 2nd ed. ）. London: SAGE, 2006 : 215-254.

［ 35 ］ LEE J, CHO E, CHOI H J. The effect of internal control weakness on investment efficiency ［ J ］. Journal of Applied Business Research, 2016, 32 （ 3 ）: 649-662.

［ 36 ］ LISIC L L, MYERS L A, SEIDEl T A, et al. Does audit committee accounting expertise help to promote audit quality? Evidence from auditor reporting of internal control weaknesses ［ J ］. Contemporary Accounting

Research, 2019, 36（4）: 2521-2553.

[37] LIU J. Innovation and practice of educational management system in colleges and universities based on the concept of data analysis education [J]. Applied Mathematics and Nonlinear Sciences, 2024, 9（1）.

[38] MAIJOOR S. The internal control explosion [J]. International Journal of Auditing, 2000, 4（1）: 101-109.

[39] MARCIUKAITYTE D, SZEWCZYK S H, UZUN H, et al. Governance and performance changes after accusations of corporate fraud [J]. Financial Analysts Journal, 2006, 62（3）: 32-41.

[40] MERCHANT K A, OTLEY D T. A Review of the Literature on Control and Accountability [J]. Handbook of management accounting research. Amsterdam: Elsevier, 2006（2）: 785-802.

[41] MONEM R. The One.Tel collapse: Lessons for corporate governance [J]. Australian Accounting Review, 2011, 21（4）, 340-351.

[42] MUNSIF V, RAGHUNANDAN K, RAMA D V, et al. Audit fees after remediation of internal control weaknesses [J]. Accounting Horizons, 2011, 25（1）: 87-105.

[43] NAIKER V, SHARMA D S. Former audit partners on the audit committee and internal control deficiencies [J]. The Accounting Review, 2009, 84（2）: 559-587.

[44] NGUYEN T L, SUTHIPRAPA K. Management of library services during the pandemic crisis in university libraries of Thailand and Vietnam [J]. The Journal of Academic Librarianship, 2024, 50（2）: 102850.

[45] OGNEVA M, SUBRAMANYAM K R, RAGHUNANDAN K. Internal control weakness and cost of equity: evidence from SOX section 404 disclosures [J]. The Accounting Review, 2007, 82（5）: 1255-1297.

[46] ONOYASE A. Financial planning strategies towards retirement as perceived by potential retirees in universities in the Niger delta [J]. Journal of Education and Practice, 2013, 4（14）: 256-263.

[47] OUSSII A A, TAKTAK N B. The impact of internal audit function

参考文献

characteristics on internal control quality [J] . Managerial Auditing Journal, 2018, 33（5）: 450-469.

[48] PAE S, YOO S. Strategic interaction in auditing: An analysis of auditors' legal liability, internal control system quality, and audit effort [J] . The Accounting Review, 2001, 76（3）: 333-356.

[49] PERNSTEINER A, DRUM D, REVAK A. Control or chaos: Impact of workarounds on internal controls [J] . International Journal of Accounting and Information Management, 2018, 26（2）: 230-244.

[50] PETROVITS C, SHAKESPEARE C, SHIH A. The causes and consequences of internal control problems in nonprofit organizations [J] . The Accounting Review, 2011, 86（1）: 325-357.

[51] PFISTER J A. Managing Organizational Culture for Effective Internal Control: From Practice to Theory [M] . Heidelberg: Physica-Verlag, 2016: 73-115.

[52] PIOTROSKI J D, SRINIVASAN S. Regulation and bonding:The Sarbanes-Oxley Act and the flow of international listings [J] . Journal of Accounting Research, 2008, 46（2）: 383-425.

[53] POWER M. Organized uncertainty: Designing a world of risk management [M] .Oxford: OUP Oxford, 2007: 63.

[54] ROTHENBERG N R. The interaction among disclosures, competition, and an internal control problem [J] . Management Accounting Research, 2009, 20（4）: 225-238.

[55] SARENS G, DE BEELDE I, EVERAERT P. Internal audit: A comfort provider to the audit committee [J] . The British Accounting Review, 2009, 41（2）: 90-106.

[56] SCHOLTEN R. Investment decisions and managerial discipline: Evidence from the Takeover Market [J] . Financial Management, 2005, 34（2）: 35-61.

[57] SHAN J J. Improvement of the financial management supervision system of universities in the context of big data [J] . Applied Mathematics and Nonlinear Sciences, 2023, 9（1）.

[58] SPIRA L F, PAGE M. Risk management: The reinvention of internal control and the changing role of internal audit [J]. Accounting, Auditing & Accountability Journal, 2003, 16（4）: 640-661.

[59] SU L N, ZHAO X, ZHOU G. Do customers respond to the disclosure of internal control weakness?[J]. Journal of Business Research, 2014, 67（7）: 1508-1518.

[60] SYDELKO S B. Financial management in academic libraries: Data-Driven planning and budgeting [J]. Journal of Electronic Resources in Medical Libraries, 2018, 15（2）: 115-116.

[61] WANG J, HOOPER K. Internal control and accommodation in Chinese organisations [J]. Critical Perspectives on Accounting, 2017（49）: 18-30.

[62] WANG X.Increased disclosure requirements and corporate governance decisions: Evidence from chief financial officers in the pre- and Post-Sarbanes-Oxley periods [J]. Journal of Accounting Research, 2010, 48（4）: 885-920.

[63] WOODS M. A contingency theory perspective on the risk management control system within Birmingham City Council [J]. Management Accounting Research, 2009, 20（1）: 69-81.

[64] WU S N. Research on innovation and development of university instructional administration informatization in IoT and big data environment [J]. Soft Computing, 2023, 27（24）: 19075-19094.

[65] XU L, TANG A P. Internal control material weakness, analysts' accuracy and bias, and brokerage reputation [J]. Review of Quantitative Finance and Accounting, 2012, 39（1）: 27-53.

[66] ZENG Y. Internal control and financial risk prevention measures in colleges and universities from the perspective of cognitive psychology [J]. Psychiatria Danubina, 2021, 33（S8）: 226-228.

[67] ZHANG I X. Economic consequences of the Sarbanes-Oxley Act of 2002 [J]. Journal of Accounting and Economics, 2007, 44（1-2）: 74-115.